GRIPS-nickel

WAGENBACHS TASCHENBÜCHEREI

GRIPS

Das GRIPS Theater

Geschichte und Geschichten, Erfahrungen und Gespräche aus einem Kinder- und Jugendtheater

Herausgegeben von
Wolfgang Kolneder, Volker Ludwig
und Klaus Wagenbach

Verlag Klaus Wagenbach Berlin

Dies ist ein Lesebuch über die Arbeit, die Geschichte und das Modell des bekanntesten deutschen Kinder- und Jugendtheaters.
Nach langen Diskussionen mit den Autoren und Schauspielern von GRIPS haben wir uns für die offene Lesebuchform entschieden, weil sie den Lesern, Nachmachern und Sympathisanten die meisten Möglichkeiten beläßt.
Nicht ein Nachbetbuch war die Absicht, sondern eine Gebrauchsfibel: Theaterleute mögen es auf ihr Metier hin lesen, Lehrer einzelne Stücke mit ihrer Klasse nachspielen, Kommunalpolitiker darüber nachdenken, warum der Kulturetat meist in die Kostümausstattung statt in die geistige Ausstattung der Kinder geht.
Alle Leser bitten wir, zu bedenken, daß Theater immer live ist, ein Buch demgegenüber eine ziemlich trockene Angelegenheit.
Der Verlag dankt hier nochmals ausdrücklich denjenigen, die bei der Zusammenstellung des Buches geholfen haben, insbesondere Jörg Richard und Karin Seifert, Wolfgang Heckmann, Reiner Lücker, Arno Paul, Ingrid Peffer und Jack Zipes.

Stückausschnitte und Lieder wurden (mit freundlicher Genehmigung der Verlage) den im Quellenverzeichnis genannten Büchern entnommen.
Fotos: Roland Beeneken (Seite 31, 76: Helga Kneidl)
Umschlagentwurf: Katia Wagenbach, Zeichnungen: Rainer Hachfeld
Satz und Druck: DRUCKHAUS Neue PRESSE Coburg
Repros: Reprowerkstatt Rink und Silbermann, Berlin
Bindung: Hans Klotz, Augsburg
Printed in Germany.
ISBN 3 8031 2021 7

Inhalt

GRIPS

Reiner Lücker/Stefan Reisner
Übers Lachen

Nelly ist ein kleines Mädchen. Sie wird gefüttert, gestreichelt und sie bestaunt sich selber im Spiegel. Wenn ihr Vater sich hinter dem Türpfosten versteckt und plötzlich wieder auftaucht, dann lacht sie. Erst aus Überraschung, später vielleicht, weil sie die Anstrengungen ihres Vaters komisch findet. Sie lacht über ihren Vater, was sie ermuntert, ihm die Brille herunterzureißen. Das ist ungesund für die Brille, aber gesund für Nelly, da sie lernt, ihren Vater nicht zu ernst zu nehmen.

Lachen ist sozial

Wenn einer lacht, muß er einen Anlaß haben, ein Gegenüber. Der onanistische Lacher ist meist eine traurige Figur. Schön ist das Lachen, das den andern braucht. Das Theater ist ein Ort für Sprache und Bilder. Die drei berühmten Affen, die sich alles zuhalten, wären ein sehr undankbares Theaterpublikum. (Sie erinnern eher an die Besucher einer Geisterbahn, der manche Kindertheater allerdings ähneln.) Das Theater ist der richtige Ort, um zu lachen. Der einsame Lacher vor dem Fernsehapparat ist eine traurige Vorstellung. Das Lachen im Saal, mit andern, verbindet und steckt an.

Kinder haben zu wenig zu lachen

Kinder weinen, schreien, jaulen und lärmen weitaus öfter als ihre Eltern. Weil sie nämlich verstanden werden wollen, weil sie sich bemerkbar machen müssen. Ein lachendes Kind würde vermutlich lange warten müssen, bis die Mutter es füttert.
Man könnte sagen, das Kindertheater ist ein Ort zum Lachen, weil Kinder woanders zuviel Grund zum Weinen haben.

Lachen und lernen

Unser Theater wird motiviert durch die Überzeugung von der Erziehbarkeit, der Belehrbarkeit des Menschen. Und wir haben beobachtet, daß lernen und erkennen heiter machen kann.
Um aus unserem Bemühen, Erkenntnisse zu vermitteln, keine Schulmeisterei werden zu lassen, müssen wir uns so vergnüglich wie möglich verständlich machen.
Es ist eine merkwürdig verdrängte Tatsache, daß Vergnügen zum Theater gehört. Erst dem bürgerlichen Theater ist es gelungen, das Vergnügen aus dem Theater zu vertreiben. Wo Theater imponieren will, hat das Publikum nichts zu lachen.

Worüber lacht man?

Nichts leichter, als Gelächter zu erzeugen: ein Kellner geht vorbei, stolpert, der Teller fällt, mit dem Fuß tritt der Mann in eine Sahnetorte, rutscht aus, schreit Aua und reißt die Augen auf – Gelächter.
Aber es gibt ein Lachen, das uns lieber ist – und teurer. Manchmal bringt ein Lachen eine Erkenntnis.
Ein Kind, das zum erstenmal einen Buchstaben erkennt, freut sich und lacht. So ein Lachen erzeugen wir am liebsten.
Oder ein Lachen, das Distanz zum Schicksal schafft. Wir finden es lustiger, wenn eine Autorität, die mit einschüchternden Gebärden daherkommt, stolpert, als wenn sich der Kellner in die Spaghetti setzt. Erkennt man, daß das Denkmal aus Gips ist, ist man nicht mehr so davon beeindruckt.
Wir wollen das unmittelbare Erleben der Kinder realistisch darstellen – und es relativieren. Die Welt ist veränderbar, jede Vorderseite hat eine Rückseite (in die man auch mal treten kann – Lacher).

Schwierigkeiten beim Lachen

Wie überall gibt es auch am Theater Leute, denen ist es nicht bedeutsam genug, Gelächter auszulösen.
Sie sind von dem Glauben, etwas erkannt zu haben, so

ergriffen, daß sie die Selbstdarstellung mit der Vermittlung von Erkenntnis verwechseln. Sowas ist eher traurig.
Und wenn jemand auf diese Weise bedeutend ergriffen ist, bevorzugt er auch am Theater das Bedeutende und Ergriffene. Die Träne quillt – Vergnügen und Erkenntnis sind beim Teufel, Tränen machen oft blind.

Es wäre ja gelacht . . .

. . . wenn es traurig wäre, gesellschaftliche Zwänge und gemachte Normen durchschauen zu lernen.
Es genügt ganz sicher nicht, die Welt in zwei Lager aufzuteilen: hier die einen, die die Normen machen und unbelehrbar sind, und dort die andern, die sie erdulden. Viel schwieriger ist es, die Unbelehrbaren zu belehren.
Man schafft keine sozialen Spannungen aus der Welt, indem man die Mächtigen karikiert; aber es kann ein Vergnügen sein, zu erkennen, daß Macht ›gemacht‹ wird. Und was man mit dieser Erkenntnis anfängt: das könnte ein noch größeres Vergnügen sein.

Volker Ludwig
Kleine Chronik des GRIPS Theaters

1966-1968

Das Reichskabarett gründet West-Berlins erstes ständig spielendes Kindertheater. Weil in der Bundesrepublik fast nur Märchen zur Weihnachtszeit gespielt werden, beginnen wir im Juni. Von den acht Inszenierungen der ersten drei Jahre spielen sechs nicht die Kosten ein, das Kabarett zahlt drauf, die Schauspieler spielen oft für drei bis fünf Mark pro Vorstellung (bis 1974 gibt es ausschließlich prozentuale Einspielbeteiligungen), manchmal vor zwölf Leuten, denn Kinder kann man nicht nach Hause schicken. Die Kritiken sind stets die besten, aber voll ist es nur zur Adventszeit, und die sechsstelligen Senatssubventionen gehen an ein Privatinstitut, das *Peterchens Mondfahrt* spielt. Drei äußere Umstände haben wir einer üblichen freien Gruppe voraus, die uns überdauern lassen: einen für uns kostenlosen, eingeführten Raum, eben das Reichskabarett (alter Kinoschlauch, 150 Plätze), Schauspieler, die finanziell vom Kindertheater unabhängig sind, und das »Theater der Schulen« des Schulsenators, das Schülerkarten subventioniert und, nach Prüfung durch eine gemischte Kommission (Senatsvertreter und alles, was mit Jugend zu tun hat), jedem Klassenlehrer die Entscheidung überläßt, welches Theater er, auch während der Schulzeit, besuchen will; kurz: ein ständig wachsender Besucherstamm engagierter Klassenlehrer samt Schülern.

Das erste Stück ist ein kabarettistisch bearbeitetes Märchen: *Der Teufel mit den drei goldenen Haaren.* Ihm folgt eine *Reineke-Fuchs*-Produktion, das einzige Stück, das wir jemals von einem Verlag kauften; es war unser langweiligstes. 1967 bringt Siegrid Hackenberg, vormals des Reichskabaretts vitalste Bühnenrakete, das Kindertheater neu in Schwung, mit neuen Schauspielern und einem neuen Autor: Horst Jüssen (später mal »Klimbim«). Siegrid Hackenberg inszeniert die nächsten sechs Stücke, vom Kabarettkomponisten Horst A. Haß musicalhaft unterstützt, und erhält gleich für die erste Tat (*Kasper und der Löwe Poldi)* den alle zwei Jahre verliehenen Brüder-Grimm-Preis des Landes Berlin.

In diesem Sinne geht es weiter. Häufiger nachgespielt werden die Kleinstadt-Idylle *Der Floh ist weg* und das einzige Nicht-Jüssen-Stück *Die Reise nach Pitschepatsch* von Hachfeld und Ludwig, ein Stationen-Märchen-Musical mit ersten antiautoritären Spurenelementen, 1968.

Dieses Kindertheater war aus purer Lust am Theaterspielen entstanden, naiv, autodidaktisch, pädagogisch unbeleckt, theoriefern. Die Nähe zum Kabarett machte es kurzweiliger, vielleicht auch perfekter als bisher auf diesem allseits verkommenen Sektor gewohnt. Doch der Inhalt war wenig mehr als Anlaß, sich vergnüglich zu produzieren.

1969

Über *In Wilmersdorf ist heute Wilder Westen,* Februar 1969, einer hymnisch rezensierten, am Kinderpublikum jedoch kraß vorbeiproduzierten Parodie (»empfehlenswert ab 18«, Berliner Lehrerzeitung), kommt es zum lautstarken Bruch zwischen dem Kabarett und seiner Kindertheatertruppe, die ohnehin in die größere »Tribüne« umziehen will, wo sie bzw. ihre Nachfolger noch heute für Kinder spielen. Das zwingt die Kabarettisten, nun selbst aktiv zu werden und Farbe zu bekennen, zu schreiben, zu spielen, zu inszenieren. In vier Wochen entsteht ein neues Stück, Mitte Mai 1969 ist Premiere. Mit ihr beginnt eigentlich erst die Geschichte von GRIPS. Kindertheater ist von nun ab wie das Kabarett ein Mittel, auf gesellschaftliche Zustände einzuwirken. Das Stück heißt *Stokkerlok und Millipilli;* es hat zwar noch die Form des Stationenmärchens, wird aber inhaltlich mit dem gefüllt, was wir für notwendig halten: Auseinandersetzung mit den Alltagsproblemen, die Kinder mit ihrer näheren Umwelt haben, Parteiergreifen für die Unterdrückten in einem besonders kinderfeindlichen Land. Dabei lassen wir weg, was uns nach den Erfahrungen der ersten Jahre nur für das erwachsene Premierenpublikum als relevant erscheint: Musical- und Balletthaftes, parodisti-

sche Gags, gefühlvolle Abendlieder. Und wir holen immer wieder Kinder auf die Probe. Für sie wird das Stück ein Volltreffer. Bei den Kritikern hagelt es dagegen erstmals Verrisse, schreibt der »Abend«: »Ach, wär's doch nur beim guten alten Rumpelstilzchen geblieben«, mag der Kritiker des Senders Freies Berlin nicht glauben, daß diese »schwache, uninspirierte Kopie« von *Pitschepatsch* überhaupt von den angezeigten Autoren stamme, wittert er erstmals politisch-ideologischen Unrat. Den Brüder-Grimm-Preis für die Autoren gibt es erst, als die Aufführung längst wieder abgesetzt ist.
Von der Richtigkeit unserer Entscheidung angesichts der Kinderreaktionen überzeugt wie nie, gehen wir mit dem nächsten Stück, einem ersten realistischen Alltagsstück, aufs Ganze. *Maximilian Pfeiferling.* Als Urteilshilfe für die unerfahrenen Rezensenten laden wir zur Premiere Schulklassen ein und setzen die Kritiker dahinter. Seitdem sind die Renzensionen wieder überschwenglich.
Maximilian wird zum Renner, weil er auf Erwachsene die gleiche Wirkung ausübt wie auf Kinder: Sie finden sich in zahllosen Situationen, besonders bei Familiengezänk, auf der Bühne wieder, fühlen sich je nachdem ertappt, befreit, verstanden, können darüber lachen. Der erste Versuch, fehlerhafte Durchschnittseltern im Kindertheater zu zeigen, erscheint uns so gewagt, daß wir einen idealen Kinderfreund, den Onkel Peter, als Alibi-Erwachsenen dazuerfinden. Dem Vorwurf, wir hetzten die Kinder gegen die Erwachsenen auf, entgehen wir dennoch nicht. Doch dagegen spricht unsere Erfahrung, daß Kinder *genau* sind, daß sie gerade nicht verallgemeinern. Sie sehen stets eine einmalige Geschichte und weder in Maximilians Eltern ihre eigenen, noch in den Polizisten aus *Balle Malle die* Polizei, noch gar, was tatsächlich immer wieder behauptet wird, im Fabrikanten aus *Trummi kaputt den* »Kapitalisten«. Anders ist es, wenn sich eine Situation mit der realen Erfahrung des Zuschauers deckt. So wird in Schulaufsätzen über den Theaterbesuch (die Pflichtaufsatzschreiberei bekämpfen wir übrigens, wo wir können) am häufigsten die erste Szene nacherzählt (das herumgestoßene Kind, das die Sonntagsruhe stört), und zwar in ausführlichen häuslichen Dialogen,

die in mehreren Aufsätzen in ähnlicher Form wiederkehren, aber nicht aus dem Theater stammen. Die Kinder haben also miteinander über ihr isoliertes Los geredet und können es sich nun locker »von der Seele« schreiben, nachdem das Theater sie als gemeinsames, aber veränderbares Übel dargestellt hat.
Carsten Krüger, Erfinder des Zahnlückenpfiffs und Kameramann, heute Filmproduzent für Fernsehvorschulserien, hatte übrigens für die Uraufführung kurze Tagträume Maximilians gedreht, die als Filmeinblendungen gezeigt wurden. Diese Möglichkeit, durch das Zeigen wirklicher Träume realistisch und trotzdem phantastisch zu sein, nutzen wir erst fünf Jahre später in *Nashörner schießen nicht.*

1970

Ein halbes Jahr später kommen Rainer Hachfelds *Mugnog-Kinder!.* Aus dem Einzelkämpfer Maximilian ist ein Geschwisterpaar geworden, aus dem ans Wunderbare grenzenden Zahnlückenpfiff eine gewöhnliche Holzkiste, die allein kraft Kinderwitz und -phantasie eine ganze Stadt in Verwirrung stürzt. Wie bei Maximilian steigen die Schauspieler erst auf der Bühne in ihre Rollen ein, steigen sogar um und aus; eine ganze soziale Hierarchie marschiert auf, unter Dieter Kursawes Kabarett-Regie erreicht der antiautoritäre Spaß hier seinen Höhepunkt. In der nachträglichen theaterpädagogischen Literatur wird der Mugnog dagegen gern als Rückschritt verdammt. Dabei wird übersehen, daß auch ein fortschrittliches Theater aus Individuen mit oft konträren Handschriften besteht. Rainer Hachfeld ist Karikaturist, seine Bühnenfiguren entspringen erklärtermaßen dem Comic Strip, ähnlich wie Jahre später die Figuren in Stefan Reisners *Ruhe im Karton!.* Je abwechslungsreicher die Wege, desto besser für das Ziel. Auch das haben wir vom Kabarett, und wehe, bei GRIPS setzt sich jemals ein Dogmatismus durch, der den »wahren« Realismus für sich gepachtet hat. Berlin wurde jedenfalls von sehr realistischen Mugnogs überschwemmt, und Sätze wie »Der Mugnog hat gesagt, Kinder müssen erst ins Bett, wenn sie müde sind«, hatten verheerende Folgen.

Inzwischen war das Kindertheater des Reichskabaretts so bekannt geworden, daß *Mugnog* gemeinsam mit dem sehr radikalen Kabarettprogramm *Ex und hopp* auf Tournee gehen konnte. Im Münchner Theater der Jugend passiert dabei etwas überaus Folgenreiches: Um die allzu lange Pause zu überbrücken, ermuntert Birger Heymann das Publikum mit seiner Gitarre (bis *Maximilian* wurde, getreu der Kabarett-Tradition, mit Piano begleitet), den Refrain mitzusingen: »Was ist ein Mugnog? Ein Mensch, ein Ding, ein Tier? Ein Mugnog ist ein Mugnog / und wir sind wir!« Die Kinder singen es begeistert nach jedem Bild wieder, und nach der Vorstellung erschallt durch die hohle Reitmorstraße aus hunderten bayerischer Kehlen zum Entsetzen der Lehrer: »Ein Mugnog ist ein Mugnog / und wir – sind wir!« So kommt es zu den »Liedern zum Mitsingen«, die erheblich zur Vitalität der Aufführungen und ihrer Folgen beitragen.
Im Herbst werden in Marl erstmalig auf einer Tagung Kindertheater-Erfahrungen ausgetauscht. Die Theater sind in eine Besucherkrise geraten, Anlaß, sich für Kindertheater zwecks Abonnentennachwuchs zu interessieren. In Marl erfahren wir, daß sich die einzigen Stadt-Theater der BRD, die das ganze Jahr über auch für Kinder spielen, noch nie Gedanken über ihr Publikum gemacht haben (abgesehen vom Finanziellen). Alles, was der Dramaturg der Städtischen Bühnen Dortmund an Erfahrungen nach 17 Jahren Arbeit am Kind zu berichten weiß, ist der Titel des Märchens, das bei den Eltern am meisten zog. Das soll nun alles ganz anders werden. Kaum ein anwesendes Theater, das nicht neben *Drosselbart* und *Hotzenplotz* auch stolz eins der drei antiautoritären Reichskabarett-Stücke als Vorhaben nennt. Wir sind in eine Marktlücke geraten und füllen sie prächtig: Unsere Stücke sind extrem unaufwendig, auch der benötigte Mut hält sich nach den Berliner Erfolgen in Grenzen. Erreicht ist zumindest, daß man sich daran gewöhnt, im Theater auch außerhalb der Weihnachtszeit an Kinder zu denken.

1971

Bis zur nächsten Premiere, *Balle Malle Hupe und Artur,*

vergehen zehn Monate. Diese längste Pause in unserer Historie hat Gründe. Zum erstenmal entsteht ein Stück »kollektiv«. Für die Probenarbeit ist das nichts Neues. Auch rettende Textideen sind immer wieder von den Schauspielern, vor allem Dietrich Lehmann, gekommen. Am Anfang jedes Stückes stand jedoch immer die Originalidee, der plot des Autors – die verteilte Lokomotive, der Zahnlückenpfiff, der Mugnog –, der dann mit Inhalt versehen wurde. Von nun an geht es wieder wie beim Kabarett zu: Inhalte, Meinungen, politische Bedürfnisse und Notwendigkeiten werden gesammelt und besprochen, und am Ende muß dazu die passende Originalidee, der plot, die Handlung gefunden oder gezimmert werden. Der Autor wird wieder vom Kopf auf die Füße gestellt. Das geht nicht ohne Härten ab: Die antiautoritären Inhalte schlagen nun auf die Theaterarbeit selbst durch. Hinweisen auf langjährige Praxis und Erfahrung wird von den neuen Schauspielern grundsätzlich mit verachtungsvoller Skepsis begegnet, aus dem Miteinander-wird teilweise ein Gegeneinander-um-die-Wette-Schreiben. Erstmals wird theoretisiert, werden die Schriften der Kinderladenbewegung herangezogen, hat man Brecht nicht mehr nur im Hinterkopf, sondern führt ihn auch im Mund. Vor allem aber gründet das neue Stück auf Diskussionen mit Kindern, Erziehern und Freunden (die Zeile »Einer ist keiner« und das Oberthema Solidarität stammen vom Stückeschreiber Gerhard Kelling); es spielt in einem genau fixierbaren, proletarischen Milieu, es zeigt das Verhalten einer ganzen Kindergruppe in ihren Spielen untereinander, und es enthält nur noch klar herausgehobene, von der Rampe gesungene Lieder zum Mit- oder Nachsingen. Insofern ist *Balle Malle* ein Beispiel, wie befruchtend Kämpfe um kollektive Arbeit unter Umständen sein können.

Balle Malle ist das letzte der vier vornehmlich antiautoritären Stücke. Seit Marl haben wir Kontakt mit den Leuten vom »Kindertheater im Märkischen Viertel« und lernen auch von ihren Erfahrungen. *Trummi kaputt* (November 1971) entsteht in der Absicht, Kindern gesellschaftliche Verhältnisse, die von ihnen erlebt und erlitten werden, durchschaubar zu machen: hauptsächlich das Verhalten der Eltern, die als Opfer gesellschaftlichen Drucks entspre-

chend bedrückend reagieren. Im Vordergrund steht nun nicht mehr das »Antiautoritäre«, die Steigerung des kindlichen Selbstwertgefühls allein, sondern Einsicht in die gesellschaftlichen Ursachen elterlichen Fehlverhaltens. Was die Kinder durchschauen, nimmt ihnen Angst, macht sie selbstbewußter, bringt ihnen die Eltern näher und macht sie gleichzeitig unabhängiger von deren Zuneigungsschwankungen. Die Fließbandszene, in der Heini seine Mutter rumkriegt, von ihrer Arbeit zu erzählen, hat bei den Kindern die stärkste emotionale Resonanz zur Folge gehabt, an die wir uns erinnern können.
Im Sommer 1971 hängen wir das politische Kabarett an den Nagel, obwohl es läuft. Die politische Bewegung, auf der es aufbaute, ist zerfallen, der Versuch eines politischen Theaters scheitert aus finanziellen Gründen, im Kindertheater sehen wir die uns gemäße Form von Zielgruppen- oder Basisarbeit. Dazu kommt, daß wir im Herbst erstmals Subventionen vom Berliner Senat erhalten, die zwar jährlich neu beantragt werden müssen und bis 1974 nur ca. 30 Prozent der Ausgaben decken, dem Stammensemble jedoch eine wenn auch erbärmliche Existenzgrundlage garantieren und die Möglichkeit geben, sich auch ohne die finanzielle Sicherheit, die das Kabarett bot, voll dem Kindertheater widmen zu können. Seit dieser Zeit besuchen wir öfters mehrere Tage nach der Vorstellung Schulklassen und diskutieren dort über unsere Aufführung und das Thema des Stücks.

1972

Im Frühjahr ziehen wir ins »Forum Theater«, eine Raumbühne mit 180 Plätzen im ersten Stock eines Kurfürstendamm-Geschäftshauses. Wir geben uns den Namen GRIPS: in diesem Wort ist ebenso Verstand wie Spaß enthalten, wie Kinder ihn mögen. Nach einem abgebrochenen zweiten Versuch, ein Stück kollektiv zu schreiben, entwickelt sich mit dem Stück *Mannoman!** unsere künftige Arbeitsform: Diskussion mit dem Ensemble über das

* Über die Entstehung von »Mannomann!« siehe den ausführlichen Bericht in: Mannomann! sechsmal exemplarisches Kindertheater, Hrg. Melchior Schedler, Köln 1973

Thema bis zur gemeinsamen Entscheidung, dann läßt das Ensemble die Autoren schreiben, beliefert sie mit Materialien und diskutiert die Zwischenergebnisse; dann werden die Rollen besetzt und die Proben beginnen – meist schon, wenn erst ein Drittel des Stücks geschrieben ist. Häufig werden Texte nach den Proben vom Autor umgeschrieben, kleinere Änderungen von den Schauspielern selbst vorgenommen. Daß der Autor an den Proben teilnimmt, kommt selten vor, weil er ja meist bis kurz vor Toresschluß schreiben muß. Der Regisseur als Mitautor (viermal Reiner Lücker, einmal Jörg Friedrich) stellt einen Glücksfall dar, kann aber auch durch den verdoppelten Autoritätsdruck zur Belastung werden.

Oft kommen Menschen zu uns, die sich für überaus progressiv und uns für ebenso reaktionär halten, weil wir kein *Mit*spieltheater machen. Denn nur dieses sei fortschrittlich. Solche Genossen bringen gern ihr vierjähriges Kind in ein Stück für Achtjährige mit, das Kind wird laut, langweilt sich, rennt über die Bühne oder kräht einem Schauspieler etwas Unverständliches entgegen. Damit stört es alle anderen Kinder und der Schauspieler muß sich obendrein noch vom Vater als »reaktionärer Arsch« beschimpfen lassen, weil er nicht ausführlich auf die Unterbrechungen des Vierjährigen eingegangen ist.

Wir haben verschiedenste Mitspielansätze durchprobiert, zum letzten Mal in *Trummi kaputt*. Seitdem haben wir uns für ein konsequentes Vorführtheater entschieden. Vor mehr als 100 Zuschauern ist anderes weder praktikabel noch sinnvoll. Wohl aber haben wir uns 1971/72 parallel dazu um ein Mitspieltheater bemüht, uns ein schwedisches Mitspielstück über Sexualaufklärung besorgt, bearbeitet, ein halbes Jahr geprobt und ausprobiert. Daraus ist im Nachhinein ein eigenständiges Theater entstanden, es sind unsere Freunde von der »Roten Grütze«. Vorführ- oder Mitspieltheater sind für sie und uns keine Alternative. Es sind unterschiedliche Mittel zum gleichen Zweck.

Trotz der Erfolgspremiere von *Mannomann!* Ende Mai im neuen größeren Haus läuft *Trummi kaputt* noch so gut, daß wir es völlig neu besetzen und im Reichskabarett, in der Akademie der Künste und im Herbst auf einer vierwöchi-

Zuschauerraum im Reichskabarett

Raumbühne im Forum-Theater

Arena-Bühne im GRIPS-Theater

Vollversammlung 1976

gen Tournee weiterspielen. Die Existenz zweier Ensembles nutzen wir Ende 1972, um uns einen alten Wunsch zu erfüllen: gleichzeitig Stücke für zwei verschiedene Altersklassen spielen zu können und nicht wie bisher den Fünf- bis Zwölfjährigen mit demselben Stück gerecht werden zu müssen. So inszenieren wir bei den »Wühlmäusen« den *Maximilian Pfeiferling* neu, während im Forum Theater die Proben zu *»Doof bleibt doof«* beginnen.

1973

Nach Diskussionen mit anderen Schauspielern auf der *Trummi*-Tournee arbeitet Ulrich Gressieker einen Vorschlag für ein Stück aus: eine psychologische Studie einer Kinderbande. Nach ausführlichen Diskussionen wird der Entwurf schließlich zurückgestellt: die Mehrheit kritisiert, daß der soziale Hintergrund fehlt. Das Ensemble einigt sich auf einen neuen thematischen Rahmen, das Stück soll von Sitzenbleiben, Schulmisere und der Funktion des Sündenbocks handeln. Gressieker, Lücker und ich arbeiten das Stück aus. So entsteht *»Doof bleibt doof«*.
Obwohl wir die Szenen untereinander aufteilen (Gressieker ist dabei, wie schon bei *Balle Malle,* Spezialist für die reinen Kinderszenen), läuft die Arbeit so harmonisch, daß es dem Ensemble kaum gelingt, die unterschiedlichen Handschriften der drei Autoren auszumachen. Dieses Stück, das erst drei Jahre später von anderen progressiven Theatern nachgespielt wird, ist für die Entwicklung von GRIPS besonders wichtig: Die hellen GRIPS-Kinder, denen die Autoren immer einen Vorsprung vor den Erwachsenen geben, sind tot (in einem Stück von Stefan Reisner tauchen sie später, unter anderem Aspekt, wieder auf). Alle sieben Figuren des Stücks haben miese Züge. Das Publikum muß sich zurechtfinden, mitdenken; es wird spannend, zu beobachten, von welcher Szene an die Kinder im Publikum Partei für den Prügelknaben ergreifen, ihr Herz für die zeternde Hauswartsfrau entdecken (für Renate Küster die dritte proletarische Mutterrolle hintereinander) und dem Lehrer eine Chance geben, einem idealistischen, unerfahrenen Lehramtsanwärter, in dem sich so viele Lehrer leidenschaftlich verstanden fühlen, während ebenso viele andere Lehrer es

gerade wegen dieser Figur auf der Bühne meiden, mit ihren Schulklassen das Stück zu besuchen: aus Angst, ihre Schüler könnten sie mit der Bühnenfigur vergleichen, könnten sie zur Rede stellen.
»*Doof bleibt doof*« ist das erste Stück, zu dem ein »Nachbereitungsheft« erscheint; es wird auf unsere Anregungen hin von Pädagogen verfaßt und soll Lehrern Materialien an die Hand geben, wie die Thematik des Stückes weiter behandelt werden kann. Die Hefte sind sehr begehrt. Das, was nach der Vorstellung geschieht, wird mindestens ebenso wichtig wie die Vorstellung selbst.
Im Sommer kommt ein neuer Autor, Stefan Reisner, zu uns; er nimmt sich endlich wieder der jüngsten Zuschauer an, die dem Interesse der anderen, in ihrer Thematik immer anspruchsvoller gewordenen Autoren allmählich entschwunden sind. Es entsteht das Stück *Ruhe im Karton!,* das an alte GRIPS-Traditionen anknüpft und in dem der Sprache und dem entlarvenden Sprachspiel eine große Bedeutung beigemessen wird. Daneben erhält in diesem Stück erstmals das Körperliche, fast schon Artistische einen angemessenen Spielraum. Die Darsteller der Eltern z. B. erhalten groteske Bäuche – bei den Proben halten viele Beobachter diese Form der Darstellung für lächerlich und überzogen und wollen sie verhindern. Doch siehe: bei den Probevorstellungen lachen die Kinder über das Aussehen der Erzeuger keineswegs. Sie sehen sie offenbar wirklich so. Der Erfolg des Stückes übertrifft alle Erwartungen: dieser Kontrapunkt war wohl überfällig gewesen.
Genau sechs Wochen später findet eine neue Premiere statt, die ebenso erfolgreich ist: *Ein Fest bei Papadakis,* das am klassischsten gebaute GRIPS-Stück.
Das Stück handelt von Gastarbeitern, daher stellte sich ein neues Problem: Wie kann man mit sechs Personen Probleme behandeln, die sich real in Gruppen (Jugendlichenbanden) abspielen, in Schulen, Hinterhöfen, Heimen, Fabriken? Auf einer Raum-Mittelbühne, die keine Kulissen zuläßt? Wochenlang suchen wir einen geeigneten plot. Soll es am griechischen Strand spielen? Denn es soll sich in erster Linie um Griechen handeln, obwohl sie in West-Berlin nach den Türken und Jugoslawen erst an dritter Stelle stehen.

Der Grund ist wie so vieles in der GRIPS-Geschichte zufälliger, biographischer Natur: zwei Schauspieler sprechen fließend griechisch, Christian Veit war griechisch verheiratet, Christian Sorge ist in Athen aufgewachsen, und »Wahlgrieche« Jörg Friedrich, der mit dieser Produktion ins Regiefach wechselt, übt seit Jahren Bouzouki, von den politischen Kontakten zum griechischen Widerstand einmal abgesehen.
Endlich kommen wir (Reisner hatte die Idee) über Dietrich Lehmanns alljährliches Camping-Hobby auf den idealen Spielort: einen Wochenend-Campingplatz an der Havel, rechts ein Zelt, links ein Zelt, und in der Mitte die kleine Aysche (gespielt von Atiye Bozyel, einer türkischen Studentin). Zeit: ein Wochenende, klassische fünf Akte. Das Schreiben macht Spaß, immer mit den Proben um die Wette: auf den nachträglich so selbstverständlich erscheinenden Dreh, daß Vater Müller selbst vom Zeltplatz verschwinden soll, kommen wir erst 16 Tage vor der Premiere.

1974

Das Spielen im Forum Theater wird immer unerträglicher. Die Hausherren haben längst auf Guckkastenbühne umgeschaltet, was bedeutet, daß unsere Schauspieler vor jeder GRIPS-Vorstellung immer erst einmal den ganzen Raum mit 180 Plätzen samt Podesten, Bänken, Eisenhockern umräumen müssen. Außerdem müssen wir vor jeder Forum-Premiere für zehn Tage den Spielbetrieb total einstellen. Wir spielen in Hoch-Zeiten über 50mal im Monat, meist vormittags vor Schulklassen, oft auch zu Gast in Grundschulen, die den gefährlichen Kudamm für ihre Klassen scheuen. Es ist klar, was wir brauchen: einen neuen Raum. Wir drohen dem Senat, andernfalls aufzuhören, und glauben schon selbst dran. Da bietet sich der Hauch einer Chance, den Raum des Bellevue-Kinos im Hansaviertel zu übernehmen, den bereits ein Discount-Konzern angemietet hat. Nach langen Verhandlungen gelingt das kaum Glaubliche: auf Druck und mit finanzieller Hilfe des Senators für Wissenschaft und Kunst, des Bezirksamtes Tiergarten, der Berliner Klassenlotterie und anderer Helfer kann ich (auf

eigenes Risiko) den zehnjährigen Mietvertrag übernehmen, finanzieren Lotto und Senat unter Ausschöpfung letzter Ermessensfreiräume und mit phantasievollen Nothilfen Umbau und Ausstattungsprovisorien, bis am 30. September 1974 das GRIPS-eigene Haus (mit *Ein Fest bei Papadakis*) eröffnet werden kann. Es ist nach eigenen Vorstellungen umgestaltet, mit 320 Plätzen versehen (inzwischen sind es 380) und verkehrsmäßig in so günstiger Zentrallage, daß fast alle Schulen heute den Besuch im Theater einem Gastspiel bei sich vorziehen.
Oftmals hoffte ich während der Verhandlungszeit heimlich, das Projekt würde platzen. Denn was die unwiderrufliche Bindung an ein solches festes Haus an Zwängen mit sich bringt, kann man sich leicht ausmalen. Andererseits erfüllen wir längst eine gesellschaftliche Aufgabe, der wir uns nicht einfach entziehen können. Vor der Chance, ein eigenes, größeres Haus und damit ungleich bessere Wirkungsmöglichkeiten zu bekommen, zurückzuschrecken und zu sagen: so ernst war das eigentlich nicht gemeint – damit hätten wir uns und unsere Arbeit unglaubwürdig gemacht.
Vom Forum Theater verabschieden wir uns mit *Die Ruckzuckmaschine,* dem geliebten wie verdammten Versuch, Kindern eine Vorstellung von »Arbeit« zu vermitteln: mit Hilfe von Slapstick und einer phantastischen, sprechenden, dampfenden, blinkenden, jaulenden Maschine, die mit zum Hansaplatz umziehen darf. Dieses Stück ist übrigens das einzige, das ein wirkliches Experiment war, bei dem wir uns – mit Ausnahme der Lieder – ganz auf Neuland begeben haben.
Eine Woche nach der Eröffnung des neuen Hauses findet hier schon die erste Uraufführung statt (in einem Freizeitheim war geprobt worden): *Nashörner schießen nicht,* von Jörg Friedrich und mir in den Sommerferien auf einer griechischen Insel geschrieben. Die neue, 100 qm große Arenabühne, auf die die Zuschauer von einer Haupt- und zwei Seitentribünen herunterblicken, macht uns mit ihren Ausmaßen noch zu schaffen. Für die letzte *Papadakis*-Vorstellung können wir durch drei Sitzreihen, die wir an der vierten, offenen Seite aufstellen, noch einmal den Eindruck einer Raumbühne rekonstruieren. Solange wir noch kein

eigenes Jugendstück haben (die *Nashörner* sind in verschiedener Hinsicht eine Vorstufe dazu), nutzen wir den eigenen Raum, um befreundete, unbehauste Theatergruppen bei uns spielen zu lassen, allen voran die »Theatermanufaktur«. Während das Jugendstück geplant wird (das bis jetzt *Wetten, daß . . .?* oder *Spiel mir das Lied vom Leben* heißen soll), macht sich das Ensemble an das Projekt *Mensch Mädchen!* von Reisner, das nicht zuletzt auch die finanzielle Basis für das Jugendstück hergeben muß (Stücke für Menschen ab fünf werden von doppelt so vielen Zuschauern besucht wie Stücke für Menschen ab acht oder neun).
Erstmals tritt ein Besetzungsgremium zusammen, das der Vollversammlung nach ausführlichen Beratungen und Anhörungen Regisseur und Besetzung für jedes neue Stück vorschlägt. Um dem Thema gerecht zu werden, soll eine Frau Regie führen. Nach einem abgebrochenen Experiment mit Helma Sanders, bzw. Helmas mit uns, einigen wir uns auf Irmi Paulis, bei den *Nashörnern* Regieassistentin; zusammen mit Werner Rehm von der Schaubühne übernimmt sie die Probenleitung.

1975

Mensch Mädchen! (Februar 1975) lebt von der Intensität des Spiels der drei »Mädchen« und besonders des Nichtprofis Heinz Hönig, der später im Jugendstück den »Schnulli« spielt. Ein Spielplatzgeschehen wird auf die Bühne übertragen, zwischen Bergen von echtem Sperrmüll erreichen nun auch die physischen Leistungen (und die Verletzungen) der Schauspieler neue Dimensionen. Das GRIPS-Spiel für kleine Kinder hat eine dritte Phase erreicht.
Eine Neuinszenierung von *Trummi kaputt* im April erlaubt uns die Verschiebung der Jugendstückpremiere auf den Frühherbst. So haben wir zum erstenmal Zeit, ein Stück in Ruhe zu Ende zu probieren. Die Proben leitet nun Wolfgang Kolneder, seit Jahresbeginn Dramaturg und also mit der Entwicklung von *Das hältste ja im Kopf nicht aus* (wie das Jugendstück nun endgültig heißt) vertraut; Ko-Autor ist inzwischen Detlef Michel, der schon an sechs Reichskabarett-Programmen mitgeschrieben hat. Unter den intensiven Eindrücken der Hauptschulrealität entwickelt sich das

Stück von der Darstellung eines Individualisten à la Plenzdorf, Salinger, »Billy the Lyer« fort zur Darstellung einer Gruppe von Jugendlichen; deren reale Vorbilder werden nun auch von den Akteuren häufig aufgesucht. Das gleiche geschieht mit den Erwachsenenrollen: jede hat ihre Vorbilder in der Realität, Rektor wie Lehrerin, besonders die Figur des Heimleiters, die sich Dietrich Lehmann zusammensetzt. Zur Harmonie und Fruchtbarkeit der Arbeit trägt besonders der Umstand bei, daß das ganze Haus an ihr beteiligt ist. Die übliche Aufteilung in zwei Stückensembles – notwendig, um die erforderliche Aufführungsanzahl zu bewältigen – führt unweigerlich zu Spannungen und Entfremdungen. Auch äußere Gefahren lassen uns enger zusammenrücken: der Beginn der CDU-Hetzkampagne mit dem Ziel, uns sämtliche Subventionen zu streichen, gleichzeitig ein drohendes Defizit von 150 000 DM durch das neue Haus, ein plötzlicher Stopp der Fernsehaufzeichnungen (»Sparmaßnahmen« des WDR) und die Aufführungsverbote in den CDU-Bezirken Berlins. Die sehr erfolgreiche Premiere von *Das hältste ja im Kopf nicht aus* befreit uns teilweise von diesen Sorgen. Das Defizit wird vom Senat ausgeglichen und wir sind von nun an, nicht zuletzt dank der Negativwerbung der CDU, mit allen Stücken im voraus ausverkauft.
Wir erleben einen Ansturm von Hauptschulklassen, so unerwartet hoch, daß wir gerade dadurch weiter in Finanzschwierigkeiten bleiben (eine *Kopf*-Aufführung kostet uns dreimal so viel wie eine Kinderstückaufführung). Die Grundschullehrer sind sauer, weil sie wegen *Kopf* über zwei Monate auf einen Theaterbesuch von *Mensch Mädchen!* oder *Trummi* warten müssen, den Hauptschullehrern, die sich die Erlaubnis zum Besuch während der Schulzeit oft schwer erkämpfen müssen, geht es nicht anders. Im Dezember erhält *Kopf* den Brüder-Grimm-Preis. GRIPS-Inquisitor und CDU-Stadtrat Friedrich aus Steglitz erkennt sofort den Grund: Die Jury ist kommunistisch. Friedrichs Beweis: Juror Harald Clemen, Schillertheater-Regisseur, inszenierte kürzlich ein Stück mit dem Titel: *Wann kommst du wieder, roter Reiter?*

1976

Kopf wird als eines der zehn herausragenden deutschsprachigen Theaterereignisse zum Berliner Theatertreffen eingeladen. Das ist um so wichtiger, als durch solcherlei höchste Staatstheaterweihen das gesamte Genre Kinder- und Jugendtheater aufgewertet und ins Bewußtsein gerückt wird (obwohl nicht einmal ein solches Ereignis Kritikerpapst Friedrich Luft dazu bewegen kann, unsere unwürdigen Hallen zu betreten). Von einem Kindertheaterboom kann nämlich nicht die Rede sein, ganz im Gegenteil. Je eindeutiger Unterschichtskinder im Mittelpunkt unserer Stücke standen, desto mehr sanken die Nachspielquoten in den Theatern der BRD und des Auslands. Freilich nehmen vor allem in der BRD die Nachinszenierungen ab: heute finden schon mehr als 50 % der Nachinszenierungen im Ausland statt. Die Zahl schwachsinniger Weihnachtsmärchen in diesem unseren Lande nimmt wieder kräftig zu, Kindertheaterinitiativen der vernünftigen Art werden fast überall abgewürgt. Nur die Zahl der großen Sprüche bleibt erhalten.

Während GRIPS inzwischen alle Kontinente umspannt (Nobert Mayer, ehemals Theater der Jugend München, gripst sich durch Asien, Kolneder mit mir durch Brasilien), darf es im Machtbereich der Jugendstadträte von Berlin-Steglitz, -Wilmersdorf und -Charlottenburg nicht auftreten. Aber auch bei uns im Haus wird die Arbeit mühe- bis qualvoll, nicht zuletzt dank des Erfolges. Bedeutete es vor zwei Jahren noch einen Marktwertverlust für Schauspieler, Kinder- und Jugendtheater zu spielen, wird GRIPS nun zum Sprungbrett für Fernsehkarrieren. Ende des Jahres sind deswegen bei *Kopf* nur noch fünf der zwölf Premierenschauspieler dabei. Sicher haben wir immer wieder hervorragenden Nachwuchs, doch die ungewohnte Fluktuation bedeutet auch einen großen Verlust an kollektiver Erfahrung. Der Premiere des Hits für Kleine *Kannst du zaubern, Opa?* merkt man das noch nicht an, die Zähigkeit der Proben ist bald verdrängt. Die Probenarbeit am darauffolgenden Stück »*Banana*« dagegen währt ganze fünf Monate. Wir kriegen die »Tendenzwende« im eigenen Haus zu spüren. Die Mehrzahl des Ensembles hat mit der »Neuen

Linken« der sechziger Jahre nichts mehr zu tun, kennt die Studentenbewegung nur als Legende. Sie läßt sich leicht von einem oder zwei »Spontis« verunsichern, die sich als die einzigen politisch Kämpfenden im Haus verstehen und eine gesellschaftsorientierte, zahlreichen Zwängen unterworfene Arbeit wie die unsere völlig durcheinanderbringen. Probenarbeit dient auf einmal weniger der Aufführung als der Selbstverwirklichung dieser und jener Privatperson, der sich das Theater unterzuordnen hat. Spielpläne werden neuerdings nicht nach politischen und künstlerischen Notwendigkeiten diskutiert, sondern danach, ob jemand einen »Bock« hat, etwas zu spielen, oder einen «Frust«, und letzterer ist König. Als die *Banana*-Produktion auseinanderzubrechen droht, kommt Reiner Lücker (gerade nach zweijähriger Abwesenheit aus Amerika zurückkehrend) dem *Banana*-Autor Rainer Hachfeld zu Hilfe, versucht als Probenleiter die ästhetischen Maßstäbe von GRIPS, die er einst mit schaffen half, wieder zurechtzurücken, und rettet, was noch zu retten ist. Das (um drei Monate verspätete) Ergebnis macht zwar starken Eindruck, die nervenaufreibenden Auseinandersetzungen haben aber Narben gelassen, die immer wieder aufbrechen (z. B. durch eigenmächtiges Ändern und Weglassen von Texten durch einzelne Schauspieler). So weit vom »Kampf« des komödiantischen, »ausgestellten« Volkstheaters gegen die nabelschau-geborene »neue Qualität« (der knappen Pointe gegen den langen tränenumflorten Blick etwa), den ich hier nur grob – und parteiisch – umreißen kann. Der Irrtum, die gesellschaftliche Funktion des GRIPS Theaters sei identisch mit der individuellen Selbstverwirklichung einiger Mitarbeiter, die bestimmte psychische Schwierigkeiten haben, läßt die Arbeit im Theater vorübergehend zur Qual werden.

1977

Banana war unser erster Versuch einer Art »Lehrtheater«; mit *Vatermutterkind* kehren wir Anfang des Jahres zur überprüfbaren engsten Umwelt unseres Publikums zurück: geschiedene Ehen, kaputtes Familienleben und die Folgen für die Kinder. Die Hälfte aller Kinder sind nach unseren Recherchen mit dem Thema zutiefst vertraut. Dennoch sind wir offenbar auf ein Tabu gestoßen. Viele Erwachsene winden sich bei dem Stück (meist mit der durch nichts bestätigten Begründung, es würde die Kinder deprimieren). Seltsam: Wie alle unsere besonderen Sorgenkinder, mit denen wir nicht ganz fertig wurden (*Ruckzuckmaschine, Nashörner schießen nicht),* hat auch *Vatermutterkind* neben einer Vielzahl wohlwollender Mäkler besonders fanatische Liebhaber.

Im Mai holen wir uns in Recklinghausen mit Gastspielen von *Kopf* und *Vatermutterkind* den DGB-Kulturpreis 1977 für das GRIPS Theater ab. Die Zusammenarbeit mit den Gewerkschaften wird in Zukunft eine Rolle spielen, hoffen wir (heute noch).

Im Juni sind wir mit *Vatermutterkind* zu einem Festival nach Lyon geladen, wo wir in einem Mammutseminar für das in Frankreichs märchenhaft-symbolistischer Jugendtheaterlandschaft noch überaus provozierende realistisch-emanzipatorische Theater werben.

Von Theaterleuten aus Mailand und Basel, die auch Stücke von uns spielen, und von französischen Professoren bekommen wir unerwartete, vehemente Unterstützung.

Uns wird wieder bewußt, wo überall Theater gemacht wird, das dem unseren verwandt ist: z. T. unter Opfern, die wir uns längst kaum mehr vorstellen können. Wir müßten uns ein Team leisten können, das nur dazu da ist, Freundeskontakte zu gleichgesinnten in- und ausländischen Gruppen zu pflegen, Erfahrungen auszutauschen, zusammenzuarbeiten, nicht nur bei den jährlich rund 40 Profi- und ca. 100 Amateurnachinszenierungen unserer Produkte. Wir müßten Geld haben, um endlich all die Einladungen zu Theatertreffen annehmen zu können, die wir aus finanziellen Gründen absagen müssen, es sind oft die wichtigsten. Wir bräuchten Mitarbeiter, die nichts anderes zu tun haben, als zu schreiben, zu recherchieren, mit Schülern zu reden. Wir müßten mehr sein und mehr Zeit haben. Wir beginnen, notgedrungen, zu schlampen . . .

Ebenfalls im Juni ist die Uraufführung von *. . . und raus bist du!,* einer Kollektivarbeit von Irmi Paulis mit vier (von fünf) neuen Schauspielern zu einem Stück zweier debütierender Autoren. Stück und Aufführung sind zur Premiere nicht

fertig, es wird ohne Rücksicht auf Sachzwänge bis in den Oktober weitergeprobt, die Gruppe kapselt sich ab, die Probenarbeit wird, so scheint es, zum Selbstzweck. Die Aufführung wird erstmalig von GRIPS sonst zugetanen Lehrern abgelehnt (Hauptargument: Sinn des Stücks kommt bei Kindern nicht durch); verstärkt durch einen neuen Höhepunkt der CDU-Hetzkampagne* nach dem verlorenen Prozeß gehen die Zuschauerzahlen zum erstenmal seit unserem Bestehen drastisch zurück.
Es zeigt sich wieder, daß GRIPS im Gegensatz zu anderen Theatern sich auch nicht einen Flop leisten kann, ohne seine Existenz aufs Spiel zu setzen. Es zeigt sich ebenso, woran es am drastischsten fehlt: an Autoren. Unsere Sehnsucht, ein einziges Mal ein Stück im Schubfach zu haben und schon am nächsten arbeiten zu können, während das eine in die Proben geht, hat sich noch nie erfüllt.
Ende des Jahres reißt uns die Premiere von *Wasser im Eimer* aus den größten Sorgen heraus: ein zweites Lehrstück, in seiner Revueform (alte Kabarett-Tradition) von Lücker/Reisner bewußt als Kontrapunkt zur *raus-bist-du*-Produktion mit seiner anfangs ans Einfühlungstheater erinnernden Herstellungsweise gesetzt. Clou der Aufführung ist die Ausstattung von Karl-Ernst Herrmann (von der Schaubühne am Halleschen Ufer), die unseren Finanzen den letzten Schlag versetzt. Dennoch lassen uns die begeisterten Rezensionen und eine im »Tagesspiegel« veröffentlichte Solidaritätserklärung (mit Spendenaufruf) einer Reihe Berliner Persönlichkeiten, die ein sehr großes Echo hat, uns wieder ganz optimistisch aus der Wäsche gucken.

1978

Inzwischen sitzen Detlef Michel und ich am zweiten Jugendstück. Wie 1975, als wir uns mit der Neuinszenierung von *Trummi kaputt* Luft für das erste Jugendstück schafften, überbrücken wir auch diesmal die lange Vorbereitungszeit mit der Neuausgabe eines ›Klassikers‹ (*Mannomann!*).
Wir tun uns schwer, besonders mit dem Sensationserfolg des

* Vgl. dazu den Artikel „Kurze Beschreibung der Anti-GRIPS-Kampagne« in diesem Band.

ersten Jugendstücks im Nacken. 70 000 Zuschauer haben *Das hältste ja im Kopf nicht aus* besucht, ein großer Teil der Jugendlichen war damit zum erstenmal im Leben im Theater; viele haben das Stück drei- bis fünfmal gesehen und laufen inzwischen, weil sie nicht zweieinhalb Jahre auf das nächste warten wollen, in die Kinderstücke und reagieren sehr störend, wenn auch verständlich, auf die Wiederbegegnung mit »ihren« Schauspielern in Rollen von fünf- bis sechsjährigen Kindern.

Eins ist uns klar: Wenn wir den Zwangsverband Hauptschule verlassen, geraten nicht nur die Jugendlichen, sondern auch wir selbst mit unserer Dramaturgie ins Schleudern, denn ein heroisches Einzelschicksal kann nicht unser Thema sein. Wir stürzen uns mit Unterstützung von Sozialhelfern, vor allem Sylvia Panahi-Nik-Jungnick, die später auch die Regieassistenz übernimmt, sehr viel intensiver als bei *Kopf* in die Recherchen. Aus den Erfahrungen und Gesprächen (die jetzt leichter fallen, da viele Jugendliche nun GRIPS kennen und von vornherein Vertrauen zu uns haben), hauptsächlich mit Mädchen, wächst unser Stoff ins Romanhafte, das Konzipieren besteht nur noch aus Kürzen und Wegschmeißen. Der Spielort ist dieses Mal genau lokalisiert und den Schauspielern bald ebenso vertraut wie einzelne Jugendliche, die uns als Vorbilder für die Stückfiguren dienen. Das neue Stück, *Die schönste Zeit im Leben,* kommt der Realität noch etwas näher als das erste Jugendstück (was denn auch lediglich die FAZ-Kritik in ihrem faden Zynismus verkennt; überhaupt klaffen die Sehweisen der Kunstkritik und des angesprochenen Publikums oft auseinander, was bei ersterer abenteuerliche Fehlschlüsse zur Folge haben kann).
Neben zwei Autoren und den beiden Komponisten, die erst mit diesem Stück zu einer echten Zusammenarbeit in jedem Detail finden, tritt nun sogar erstmals ein Regieduett, Wolfgang Kolneder und Jörg Friedrich, die sich vom Temperament her ideal ergänzen könnten, aber wohl etwas zu vorsichtig miteinander umgehen.
Der Erfolg dieses Panoramas von Grundsituationen Jugendlicher ist ähnlich der von *Kopf;* nach dem Feed back,

der differenzierten, »ermutigenden« Wirkung auf das eigentliche Zielpublikum schätzen wir ihn sogar höher ein.
Nachdem aus *Wasser im Eimer* auch beim besten Willen kein Stück für Menschen unter acht zu basteln war und auch *Mannomann!* nicht viel jünger angesetzt werden kann, häufen sich die Beschwerden von Eltern, Grund- und Vorschullehrern, die unter lautem Protest zur märchenseligen Konkurrenz abwandern, weil wir für die Kleinen nichts zu bieten haben. Jetzt, wo mit *Max und Milli* endlich wieder etwas für sie da ist, erleben wir einen Ansturm, der geradezu unerträglich ist (so sind sämtliche Schulvorstellungen für einen ganzen Monat nach zwei Stunden, jeweils am zweiten Montagmorgen des Vormonats, restlos ausverkauft). Selbst CDU-Stimmen mischen sich in den Jubel ein, was bei einem Stück für Fünfjährige, deren Erfahrungsbereich das, was Parteimenschen unter politisch verstehen, nicht umfaßt, allerdings wenig Überwindung kostet. Das »Geheimnis« dieses Stückes ist wohl neben der nun schon zehnjährigen Erfahrung von Regisseur und Autor die Beschränkung auf sehr wenige Vorgänge und Genauigkeit ihrer Beschreibung und Darstellung (alle fünf Schauspieler haben bereits genügend GRIPS-Erfahrung). Ein großer Gewinn ist auch die Rückkehr zur Raumbühne (Tribünen auf allen vier Seiten), auf der Dietrich Lehmann bestand.
Auch die Namen Max und Milli erinnern an die Anfänge von GRIPS. Die Laufzeit sollte uns einen alten Traum erfüllen helfen, der ebenfalls auf die Ursprünge von GRIPS verweist. Ende der sechziger Jahre sagte Wolfgang Neuß: »Kabarett können Sie heute nicht mehr machen, erst wieder in den achtziger Jahren.« Wir halten uns an diese freundliche Prognose und wollen, neben dem Kindertheater, auch wieder Kabarett machen.

Die GRIPS-Stücke

Die folgende Zusammenstellung enthält alle Stücke seit Stokkerlok und Millipilli *aus dem Jahre 1969, d. h. seit der Entscheidung der Gruppe, realistisches und emanzipatorisches Kindertheater zu machen (zur Vorgeschichte dieser Entscheidung: vgl. die »Kleine Chronik des GRIPS Theaters« von Volker Ludwig in diesem Band).*
Die zahlreichen Tourneen des GRIPS Theaters nach Westdeutschland (ganz obenan: Marl und das Staatstheater Stuttgart) sind weggelassen. In der Liste der Nachinszenierungen werden nur solche Inszenierungen genannt, die von professionellen Theatergruppen gemacht wurden; bis Ende 1978 waren es insgesamt 308 Nachinszenierungen in 21 Sprachen. In mehreren Städten gab es mehr als eine Nachinszenierung – so erklärt es sich, daß im folgenden die Zahl der Nachinszenierungen zuweilen nicht mit der Zahl der angegebenen Städte übereinstimmt. (Die Amateur-Inszenierungen lassen sich nicht mehr zählen).
Die Bühnenrechte sämtlicher Stücke liegen beim Verlag der Autoren, Frankfurt/M., Staufenstraße 46.
Die Zusammenstellung ist auf dem Stand von Ende Dezember 1978. – Die Inhaltsangaben der Stücke stammen von ihren jeweiligen Autoren.

Stokkerlok und Millipilli

Abenteuerliches Puzzlespiel von Rainer Hachfeld und Volker Ludwig
Liedertexte: Volker Ludwig
Musik: Birger Heymann

Herr Kratzwurst, Herrscher über die lokale Eisenbahn, hat seinem Lokomotivführer Stokkerlok die Lokomotive weggenommen, weil der stets alle Kinder kostenlos beförderte. Das Mädchen Millipilli stellt ihn zur Rede, während er gerade Verbotsschilder malt. Sie malt ein Gegenschild: »Es ist verboten zu verbieten« – Kratzwurst wird dadurch so unsicher, daß er verrät, was aus der Lok geworden ist: er hat sie auseinander genommen und die Einzelteile verteilt. Kratzwurst verspricht: wenn es Stokkerlok und Millipilli gelingt, die Lokomotive wieder zusammenzusetzen (was er nicht glaubt), können sie sie behalten. Auf der Suche nach den Einzelteilen der Lok treffen der Lokführer und das Mädchen einen genial-verrückten Lehrer, der an einer abstrusen Lernmaschine arbeitet, einen dicken Vater, der seine Familie durch seine Freßsucht tyrannisiert und einen wahnsinnigen Professor, der an einer Einweg-Mondrakete bastelt. Sie alle besitzen Teile der Lok, die ihnen Stokkerlok und Millipilli mit List und Überredungskunst abnehmen. Bei den Putzteufeln, fanatischen Saubermännern, die aber durch Millipilli zu Dreckteufeln bekehrt werden, finden sie den Schornstein. Die Dampfdome schließlich entdecken sie bei zwei Jungen, die sie beim Soldatenspielen als Helme benutzen. Kratzwurst erfährt vom Erfolg der Loksucher und will das Puzzlespiel sabotieren – das gelingt ihm aber nur beinahe. Die Lokomotive ist schließlich doch komplett und wird mit Kind und Kegel ihre Fahrt wieder aufnehmen.

Uraufführung: 17. 5. 1969 im Reichskabarett (ca. 40 Aufführungen)
Regie: Klaus Hentschel; *Bühnenbild:* Rainer Hachfeld und Jörg Schmollack; *Uraufführungsbesetzung:* Klaus Hentschel, Irene Jarosch, Dieter Kursawe, Barbara Maasch, Theodor Puechel, Knut Reschke, Wolfgang Wiehe.
Fernsehaufzeichnung: SFB
Auszeichnungen: Brüder-Grimm-Preis des Landes Berlin 1969, Preis im Dramenwettbewerb von Theater heute 1970.

Buchveröffentlichungen: Theater heute, April 1970; 3 x Kindertheater, Band 3, Ellermann Verlag, München.
Nachinszenierungen/Inland: 43, in folgenden Städten: Altena, Bochum, Bonn, Bremen, Bremerhaven, Bruchsal, Celle, Dinslaken, Dortmund, Düsseldorf, Flensburg, Godesberg, Göttingen, Hagen, Hamburg, Hannover, Hildesheim, Ingolstadt, Kaiserslautern, Kleve, Köln, Leverkusen, Ludwigshafen, Mannheim, Marburg, Maßbach, München, Münster, Neuhaus, Neuß, Nürnberg, Oberhausen, Oldenburg, Regensburg, Reutlingen, Stuttgart, Verden, Wiesbaden, Würzburg.
Nachinszenierungen/Ausland: 17, in folgenden Städten: Antwerpen, Basel, Bregenz, Bremgarten (Schweiz), Brisbane, Colombo, Curitiba (Brasilien), Djakarta, Graz, Haiderabad, Helsingborg, Helsinki, Klagenfurt, Neu Delhi, Stockholm, Wien, Zagreb.

Aus der Laudatio von Robert Wolfgang Schnell anläßlich der Verleihung des Brüder-Grimm-Preises 1969:

In dem abenteuerlichen Puzzlespiel Stokkerlok und Millipilli wird das Anti-autoritäre nicht um des Prinzips und der modischen Strömung willen gezeigt, sondern entwickelt sich aus der vorgeführten Möglichkeit, endlich selber etwas machen zu können: die Lokomotive zu bauen. Hachfeld und Ludwig zeigen, daß sie nicht phantasievolle Ästheten sind, sondern sittliche Leidenschaft besitzen, ohne welche im Bereich des Theaters nichts Nahrhaftes zu machen ist.

Stokkerlok und Millipilli: 1. Szene

STOKKERLOK: Aber mein Lokolieschen hat man mir weggenommen! *Er heult.* Und kaputtgemacht! *Er heult noch lauter.*
MILLIPILLI: *Streichelt ihn.* Bitte, wein doch nicht, sonst muß ich auch gleich heulen. *Sie heult.*
EMIL: Hört doch auf damit! *Er schnieft.*
FLIPPO: *Heulend.* Warum heult ihr denn alle?
STOKKERLOK: Ich hab euch ja gesagt, das ist eine furchtbar traurige Geschichte.
MILLIPILLI: Wer hat denn Lokolieschen geklaut?
STOKKERLOK: Nicht geklaut: weggenommen.
EMIL: Das ist doch dasselbe.
STOKKERLOK: Nein. Er durfte sie mir ja sogar wegnehmen.
FLIPPO: Wer denn?
STOKKERLOK: Na der Herr Kratzwurst, mein Chef!
MILLIPILLI: Ihr Chef?
EMIL: Kratzwurst heißt der?
STOKKERLOK: Ja, dem gehört die ganze Eisenbahn, und auch Lokolieschen.

EMIL: Warum hat er es dann kaputtgemacht?

STOKKERLOK: Um mich zu bestrafen. Er wußte genau, wie gern ich Lokolieschen hatte. *Er schnieft wieder.*

FLIPPO: Was haben Sie denn ausgefressen? Ich meine, wofür hat er Sie denn bestraft?

STOKKERLOK: Weil ich immer alle Kinder auf Lokolieschen mitfahren ließ! Ohne Geld! *Er heult nochmal.*

MILLIPILLI: Und das hast du nicht gedurft? *Stokkerlok schüttelt den Kopf.* – So eine Gemeinheit!

STOKKERLOK: Dabei war es immer so schön! Das ganze Lokolieschen voller Kinder, die lachten, und winkten, und sangen –

Das Lokolieschenlied

Puff, puff, puff,
kleines Lokolieschen,
schnuff, schnuff, schnuff,
fahr uns in die Welt!
Bist so süß und so schön dreckig,
vorne rund und hinten eckig.

ALLE: Puff, puff, puff,
kleines Lokolieschen,
schnuff, schnuff, schnuff,
fahr uns in die Welt!

STOKKERLOK: Puff, puff, puff,
kleines Lokolieschen,
schnuff, schnuff, schnuff,
nimm uns alle mit!
Kriegst den schönsten Koks zu fressen.
Bitte pfeif, wenn wir's vergessen.

ALLE: Puff, puff, puff,
kleines Lokolieschen,
schnuff, schnuff, schnuff,
nimm uns alle mit!

STOKKERLOK: Doch das ist alles längst vorbei. *Er hängt sein Bild ab.* Der Herr Kratzwurst kann keine Kinder leiden. Deswegen!

MILLIPILLI: Wo wohnt denn der Herr Kratzwurst?

STOKKERLOK: Im Bahnhof. Da sitzt er und schreibt Verbotsschilder.

EMIL: *Was* macht er?

STOKKERLOK: Er schreibt Verbotsschilder. In der Eisenbahn ist doch alles verboten. Da hängen doch überall Schilder: »Nicht hinauslehnen«, »Nichtraucher«, »Nicht auf den Boden spucken«, und so weiter. Die schreibt immer der Herr Kratzwurst.

FLIPPO: Ach der ist das!

STOKKERLOK: Ja, der ist das. Und für die Häuser malt er auch die Schilder: Spielen verboten, Lärmen verboten, Kinderwagen abstellen verboten, Betteln verboten, Ballspielen verboten, Hupen verboten, Lautes Rufen verboten, Hunde verboten, Kinder verboten, Leben verboten, Atmen verboten, verboten, verboten . . . *Ab.*

MILLIPILLI: Wißt ihr was? Jetzt gehen wir alle zu Herrn Kratzwurst!
EMIL: Und dann?
MILLIPILLI: Dann sagen wir ihm, er soll Lokolieschen wieder ganz machen und Stokkerlok zurückgeben.
FLIPPO: Was meinst du, wie der uns rausschmeißt.
MILLIPILLI: Wir können es doch wenigstens versuchen!
EMIL: Und wenn er uns verhaut?
MILLIPILLI: Du bist ja feige! Dann geh ich eben alleine!
FLIPPO: Denkste. Wir kommen mit.
MILLIPILLI: Hurra!

ALLE: Puff, puff, puff,
kleines Lokolieschen,
schnuff, schnuff, schnuff,
fahr uns in die Welt!

Bist so süß und so schön dreckig,
vorne rund und hinten eckig,
puff, puff, puff,
kleines Lokolieschen,
schnuff, schnuff, schnuff,
fahr uns in die Welt!

Maximilian Pfeiferling

Ein Kinderstück zum Vor- und Nachspielen
von Carsten Krüger und Volker Ludwig
Liedertexte: Volker Ludwig
Musik: Birger Heymann

7

Vor Beginn des Spiels verteilen die Schauspieler untereinander die Rollen – jeder soll das spielen, was er am besten kann (Fernsehen: Schwester, Zeitungslesen: Vater, Schnellsprechen: Tante usw.). Erste Szene: Sonntagnachmittag, keiner will mit Maximilian spielen; was er auch anfängt, er stört. Sein Zahn tut weh: der Vater reißt ihn – wider sein Versprechen – heraus. Doch durch die Zahnlücke läßt sich, wie Max plötzlich merkt, markerschütternd pfeifen. Er hat eine Waffe. Er nutzt sie nun, wo immer er sich zu wehren hat: beim morgendlichen Kampf ums Badezimmer, beim Sonntagsspaziergang, beim Geburtstagsfest. Vor allem aber gegen den Hausbesitzer Brühler, der ihn weder im Hof noch vor dem Haus spielen läßt, das Spielzeug aller unbotmäßigen Kinder der Umgebung einkassiert (was er abstreitet) und Maximilians Familie kurzerhand kündigt, als ihm der Knabe zu lästig wird.
Es ist die turbulente Geschichte eines Knaben, der sich gegen Ungerechtigkeiten zur Wehr setzt und es versteht, allmählich seine ganze Familie zu Zivilcourage und Solidarität zu ermuntern: anhand von prägnanten Situationen, in denen sich Eltern wie Kinder im Publikum direkt wiedererkennen, und im Kampf gegen den Hausbesitzer, der schließlich in der Falle sitzt und sich entblättert.
Zum erstenmal geht es in diesem Stück um eine realistische Durchschnittsfamilie mit realistischen fehlerhaften Eltern. Das war 1969 so neu, daß es die Autoren für nötig hielten, neben einer zwar nervtötenden, aber doch couragierten Tante noch einen idealen kinderfreundlichen Erwachsenen (der Onkel, der Zahnarzt) als Alibi einzuführen.
Das Spiel endet wieder in der Rahmenhandlung; Max kann nicht mehr pfeifen: Der neue Zahn ist nachgewachsen. Aber er braucht gar nicht mehr zu pfeifen. Er hat gelernt, sich auf eine bessere Weise durchzusetzen. Zum Schluß

können die Kinder im Zuschauerraum demonstrieren, was sie selbst am besten können. Dagegen pflegt der stärkste Zahnlückenpfiff ungehört zu verhallen.

Uraufführung: 5. 11. 1969 im Reichskabarett (156 Aufführungen)
Regie: Dieter Kursawe; *Assistenz:* Barbara Maasch; *Bühnenbild:* Jörg Schmollack; *Uraufführungsbesetzung:* Jörg Friedrich, Juliane Gregor, Dietrich Lehmann, Knut Reschke, Margot Rothweiler, Wolfgang Wiehe.
2. Inszenierung: 1. 12. 1972 im Haus der Wühlmäuse (90 Aufführungen)
Regie: Christoph Ohly; *Assistenz:* Karin Bahrs; *Bühnenbild:* Rainer Joeggi; *Besetzung:* Frank Glaubrecht, Ursula Haustein, Cornelia Meinhardt, Karin Siefart, Christian Sorge, Christian Veit.
Fernsehaufzeichnungen: WDR; Schweizer Fernsehen; Jugoslawisches Fernsehen (zwei Aufzeichnungen: slowenisch in Ljubljana, serbokroatisch in Zagreb).
Auszeichnung: Preis im Dramenwettbewerb von Theater heute
Buchveröffentlichung: 3 x Kindertheater Band 1, Ellermann Verlag, München
Nachinszenierungen/Inland: 28, in folgenden Städten: Bamberg, Bochum, Bonn, Braunschweig, Bremen, Düsseldorf, Flensburg, Frankfurt, Hamburg, Hannover, Heidelberg, Ingolstadt, Karlsruhe, Kiel, Kleve, Koblenz, Mainz, Marburg, München, Münster, Neuwied, Oberhausen, Osnabrück, Paderborn, Pforzheim, Rendsburg.
Nachinszenierungen/Ausland: 19, in folgenden Städten: Antwerpen, Athen, Basel, Bern, Brüssel, Celje (Jugoslawien), Den Haag, Fribourg, Kranj (Jugoslawien), Lahti (Finnland), Linz, Lund (Schweden), Novi Sad (Jugoslawien), Paris, Tampere (Finnland), Villach, Wien, Zagreb.

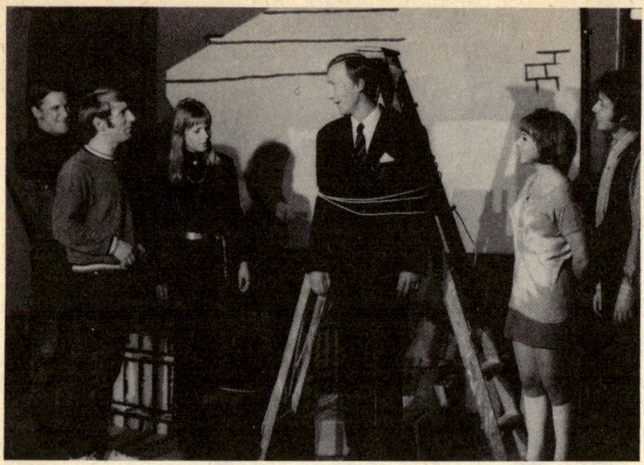

Erste Inszenierung 1969

Zweite Inszenierung 1972

Ein Handzettel, der an irritierte Erwachsene verteilt wurde:

THEATER FÜR KINDER
im Reichskabarett
1000 Berlin 15
Ludwigkirchstraße 6

Berlin, Anfang November 1969

MAXIMILIAN PFEIFERLING
Einige Hinweise für Erwachsene

Seit einem halben Jahr versucht das *Theater für Kinder* behutsam, aber konsequent, neue Wege einzuschlagen. Eine Reihe progressiver Pädagogen verfolgt unsere Entwicklung mit Sympathie und Unterstützung; die Reaktion der Kinder scheint uns mehr als recht zu geben. Doch ein großer Teil der Erwachsenen ist irritiert. Deshalb diese Erläuterung:
- Wir wollen Theater für Kinder machen und nicht für entzückte Erwachsene.
- Darum verzichten wir bewußt auf alles, was Rezensenten immer wieder besticht und sie dazu verleitet, ihre Reaktion mit der der Kinder zu verwechseln.
- Darum bauen unsere Stücke auf Ideen und Anregungen von Kindern auf, werden gemeinsam mt ihnen entwickelt und vor ihnen getestet.
- Darum vermeiden wir jede Art repressiver Pädagogik, der Kinder ohnehin ständig ausgesetzt sind und die sie zu angepaßten Gliedern unserer kinderfeindlichen Leistungsgesellschaft machen soll.
- Darum wehren wir uns dagegen, daß im Kindertheater immer wieder so getan wird, als lebten wir noch im 19. Jahrhundert.
- Darum zeigen wir Stücke aus dem Erfahrungsbereich der Kinder, mit denen sie auch nach dem Theaterbesuch etwas anfangen können.
- Darum wollen wir die Kinder nicht »verzaubern«, sondern ihre Spiele als Spiele zeigen, statt zum kulinarischen Ergötzen der Erwachsenen mit gezinkten Karten zu spielen.

MUGNOG-KINDER!
Spiel für Kinder von Rainer Hachfeld
Liedertexte: Volker Ludwig
Musik: Birger Heymann

Die Großstadtkinder Pam und Tom verleben ihre Ferien bei Tante und Onkel Mackepeter in der Kleinstadt. Weil es dort kein Spielzeug gibt, erfinden die Kinder den Mugnog, eine Holzkiste, in die sie menschliche Züge hineingeheimnissen: Für sie kann der Mugnog singen, lachen, beißen und gute Ratschläge geben. Mit dem Satz »Der Mugnog hat gesagt . . .« wehren sich Pam und Tom gegen unsinnige Ge- und Verbote.
Die Erwachsenen stehen dem Phantasieprodukt mißtrauisch, ängstlich und schließlich feindselig gegenüber. Nur die Tante ist auf der Seite der Kinder. Der cholerische Nachbar Schmurks löst eine Anti-Mugnog-Kampagne aus. Nachdem sich ein Fernsehfachmann, von Mackepeters in der irrigen Ansicht herbeigerufen, es handle sich beim Mugnog um einen »Fernsehkasten«, für imkompetent erklärt und auch ein Arzt den Kindern Normalität bescheinigt, eskaliert die Mugnog-Hysterie erst recht. Onkel Mackepeter wird krank: er kann das Wort Mugnog nicht mehr hören. Schmurks schaltet die Polizei ein, die den Mugnog beschlagnahmt. Pam und Tom holen sich die Kiste vom Bürgermeister zurück, der, nachdem die herbeigeholte Lehrerin ihre Hilfe verweigert, aus Angst vor dem einflußreichen Schmurks die Flucht ergreift. Schmurks, Mackepeter und der Polizist holen schließlich sogar das Militär zu Hilfe. Ein General will den Mugnog mit der Kanone erledigen, wird aber von Tante Mackepeter überrumpelt und entwaffnet. Empört beschwert er sich beim Minister, der auch tatsächlich eintrifft, aber nur am selbstgebackenen Kuchen Tante Mackepeters interessiert ist. Schmurks gelingt es schließlich, den Mugnog zu schnappen. Er zerhackt ihn kurz und klein, was die Kinder Pam und Tom aber völlig kalt läßt. Sie haben inzwischen ein großes altes Ofenrohr aufgetrieben: ihren neuen Mugnog.

Uraufführung: 2. 5. 1970 im Reichskabarett (über 200 Aufführungen)
Regie: Dieter Kursawe; *Bühnenbild:* Rainer Hachfeld, Michel Lux; *Uraufführungsbesetzung:* Ulrich Gressieker, Irene Jarosch, Dietrich Lehmann, Margot Rothweiler, Wolfgang Wiehe.
Fernsehaufzeichnungen: WDR; Schweizer Fernsehen; Jugoslawisches Fernsehen.
Schallplatte: Wagenbach Verlag, Quartplatte 16
Buchveröffentlichung: 3 x Kindertheater Band 1, Ellermann Verlag, München.
Nachinszenierungen/Inland: 29, in folgenden Städten: Bonn, Bremen, Bremerhaven, Castrop-Rauxel, Darmstadt, Dortmund, Frankfurt, Freiburg, Gießen, Göttingen, Hamburg, Hannover, Karlsruhe, Kassel, Kleve, Koblenz, Köln, Mainz, Mannheim, München, Münster, Neuwied, Oberhausen, Oldenburg, Regensburg, Reutlingen, Stuttgart, Würzburg.
Nachinszenierungen/Ausland: 24, in folgenden Städten: Antwerpen, Arnheim, Athen, Basel, Brüssel, Celje (Jugoslawien), Graz, Innsbruck, Linz, Lüttich, Mailand, Maribor (Jugoslawien), Milwaukee, Norrköping (Schweden), Rijeka (Jugoslawien), Salzburg, Seattle, Seoul, Subotica (Jugoslawien), Tampere (Finnland), Varazdin (Jugoslawien), Wien, Zagreb, Zürich.
GRIPS-Gastspiel: in Basel (1970).

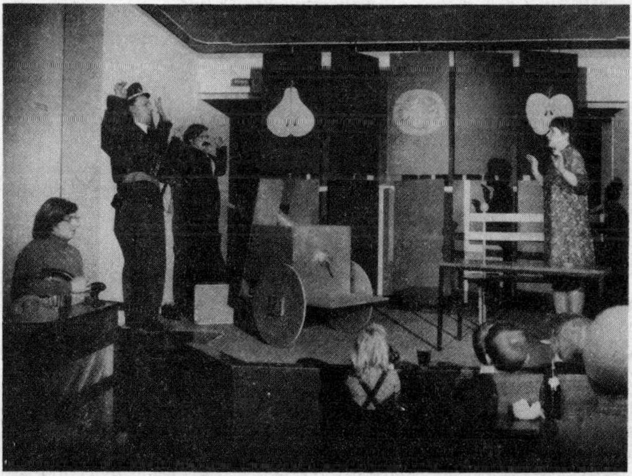

Balle, Malle, Hupe und Artur

Ein Spiel für Kinder
von Dagmar Dorsten, Ulrich Gressieker,
Volker Ludwig, Stefan Ostertag,
Carsten Krüger und Ensemble
Liedertexte: Volker Ludwig
Musik: Birger Heymann

Balle, Malle und Hupe leben in der Mülltonnenstraße. Sie bilden eine dick befreundete kleine Bande, die immer neue fantasievolle Spiele erfindet, um aus ihrer trostlosen Umgebung das Beste zu machen. Artur ist neu in der Gegend; im Lauf der Geschichte entwickelt er sich vom autoritär verbogenen und verklemmten Widerling zum Kumpel der drei.
Auf der Suche nach einem Spielplatz und auf der Flucht vor meckernden Erwachsenen entdecken die vier ein leerstehendes, zum Abriß vorgesehenes Haus, werden dort von zwei Polizisten aufgestöbert und auf die Wache gebracht. Statt ihre Namen anzugeben, verwirren sie dort dank ihrer Einfälle, ihrer Solidarität und ihrer »Dialektik« die Ordnungshüter so sehr, daß diese an ihrem Auftrag verzweifeln und einer sich aktiv der Forderung der Kinder nach einem »Spielhaus« anschließt.
Das Stück enthält besonders exemplarische GRIPS-Songs: »Meins oder Deins«, »Wer sagt, daß Mädchen dümmer sind« und den Hit: »Einer ist keiner«.

Uraufführung: 14. 3. 1971 im Reichskabarett (über 200 Aufführungen)
Regie: Dieter Kursawe, Peter Kock, Jörg Friedrich; *Bühnenbild:* Dieter Kursawe, Dietrich Lehmann, Brigitte Wengoborski; *Uraufführungsbesetzung:* Dagmar Dorsten, Jörg Friedrich, Josef Gartlgruber, Ulrich Gressieker, Barbara Hampel (alternierend mit Hilde Paul), Dietrich Lehmann.
Fernsehaufzeichnung: WDR
Schallplatte: Wagenbach Verlag, Quartplatte 8
Buchveröffentlichung: 3 x Kindertheater Band 1, Ellermann Verlag, München

Auszeichnung: Brüder-Grimm-Preis des Landes Berlin 1971.
Nachinszenierungen/Inland: 10, in folgenden Städten: Bonn, Dortmund, Duisburg, Frankfurt, Hamburg, Kassel, Kiel, München, Münster, Stuttgart.
Nachinszenierungen/Ausland: 5, in folgenden Städten: Bern, Boston, Linz, Milwaukee, Zagreb.
GRIPS-Gastspiel: in Zürich (1971).

Einer ist keiner

Balle Malle Hupe
fingen an zu schrein:
Ich sitz in der Stube
und bin ganz allein!
Die Eltern haben niemals Zeit,
der Spielplatz ist viel zu weit!

Einer
ist keiner!
Zwei sind mehr als einer!

Andauernd schubst man uns herum,
alleine sein ist dumm!
Denn: Einer
ist keiner!
Zwei sind mehr als einer!
Sind wir aber erst zu dritt,
machen auch die andern mit!
Einer
ist keiner!
Zwei sind mehr als einer!

Noch reden uns die Großen rein
und sagen, was wir soll'n.
Bald werden wir ganz viele sein
und machen, was wir woll'n.

Einer
ist keiner!
Zwei sind mehr als einer!

Trummi kaputt

Theaterstück für Kinder
von Volker Ludwig
Musik: Birger Heymann

Drei Arbeiterkinder – Heini, Elke und Vivi – reden auf dem Schulweg über Lehrer, Eltern und deren ständiges Gemecker. Plötzlich kommen sie auf eine Idee: zu Hause die Eltern einfach mal zu fragen, warum sie so schrei-, brüll- und meckerkrank sind. Heinis Mutter, Frau Murk, reagiert auf die Frage zuerst mit dem üblichen Brüllauftritt – doch dann spricht sie von ihrer Erschöpfung nach einem langen Arbeitstag: sie führt die Handgriffe vor, die sie machen muß und läßt Heini – im Akkordtempo – nachmachen, spaßeshalber.

Schulkamerad Bobby Trumm, Sohn des Spielzeugfabrikbesitzers, verleiht Fahrrad und Spielzeug gegen Geld oder Ranzen schleppen. Prunkstück »Trummi«, der sprechende Roboter, geht für 55 Pfennig für 24 Stunden an Heini und noch am gleichen Tag kaputt. Bei der Übergabe ist das Ding überraschend wieder heil: Mutter Murk hat am Abend in der Fabrik ein Sprechgerät mitgehen lassen, um ihren Sohn – und ihren Geldbeutel – zu schützen. Die Mutter wird, allerdings mehr wegen »Anstiftung zur Unruhe«, entlassen.

Die Kinder spielen nun alle Möglichkeiten, der Mutter wieder zu ihrem Job zu verhelfen, durch: Sie reden mit Trumm, sie versuchen es mit einem Gewaltakt, schließlich kaufen sie Bobby kein Spielzeug mehr ab und spielen lieber etwas kostenlos Selbsterfundenes. Der wütende Bobby erzählt Papa von diesem »neuen« Spiel, das beliebter sei als Trumms Spielzeug. Trumm will den Kindern diese Spielzeugidee abkaufen, selbst um den Preis der Wiedereinstellung von Frau Murk. Natürlich kann man ein solches Spiel nicht kaufen und verkaufen – aber Trumm kann nun nicht mehr zurück: unter dem Druck der Kinder und sogar seines Sohns, der inzwischen unter seiner Isolation leidet, stellt er Frau Murk wieder ein. Doch: »Am Monatsende werden 30 entlassen, Sie können sich denken, wer da wieder dabei ist.«

Viel hat sich noch nicht geändert, aber selbstbewußt singen Heinis Mutter und die Kinder:

Das werden wir ja sehn
ob wir das nicht verstehn!

Uraufführung: 18. 11. 1971 im Reichskabarett (217 Aufführungen)
Regie: Siegfried Schoenbohm; *Regie-Assistenz:* Reimer Kuhlmann; *Bühnenbild:* Douglas Rosen; *Uraufführungsbesetzung:* Jörg Friedrich, Ulrich Gressieker, Dietrich Lehmann, Renate Küster, Sabine Lehmann, Jutta-Friederike Schmidt.
2. Inszenierung: 18. 4. 1975 im GRIPS Theater am Hansaplatz (61 Aufführungen)
Regie: Dietrich Lehmann; *Regie-Assistenz:* Robbert Baars; *Bühnenbild:* Waltraut Mau; *Besetzung:* Inge Blau, Ulrike Bliefert, Hilde Hessmann, Michael Kausch, Peter Seum, Christian Veit
Fernsehaufzeichnung: WDR
Buchveröffentlichungen: 3 x Kindertheater Band 2, Ellermann Verlag, München; eine Prosa-Fassung von Uwe Friesel: Die Geschichte von Trummi kaputt ist erschienen im Rowohlt Verlag, Rotfuchs 36
Nachinszenierungen/Inland: 8, in folgenden Städten: Bonn, Bremerhaven, Dortmund, Düsseldorf, Hamburg, Köln, München.
Nachinszenierungen/Ausland: 4, in folgenden Städten: Amsterdam, Antwerpen, Long Beach, Paris.
GRIPS-Gastspiele: in Esch/Luxemburg (1972), Mailand, Genua, Rom, Triest, Graz und Wien (1973).

Trummi kaputt: 3. Szene

Zu Hause bei Heini Murk. Heini sitzt am Tisch bei den Schularbeiten, sie sind ihm zu schwer, er trommelt auf dem Tisch herum, wirft den Ranzen auf den Boden, klopft einen bestimmten Rhythmus und erfindet dazu: Blip blip schnubbel schnubbel baff baff ploing. Seine Mutter, Inge Murk kommt mit Arbeitstasche, Einkaufstüten und Wäschepaketen unterm Arm.

– MUTTER: *erschöpft.* 'n Abend, Heini! *Sie zieht ihren Mantel aus, stellt die Tüten auf den Boden, zieht sich ihre Schütze an.* Laß doch nicht immer den Ranzen auf dem Boden liegen! Wie oft soll ich dir das noch sagen! Los, hilf mir lieber! *Packt Tüten aus.* Beweg dich gefälligst etwas schneller!
– HEINI: Ich will aber lieber Trommel spielen!
– MUTTER: Trommel! Trommel! Was denn für' ne Trommel?
– HEINI: Na, hier, meine Urwaldtrommel.
– MUTTER: Ich trommel dir gleich eine! Los, hilf mir lieber die

RUMM u. SOHN
SPIELWARENFABRIK

Tüten auspacken! Und nimm endlich den Bleistift aus dem Mund, sonst tust du dir noch weh. *Beugt sich zu den Tüten.* Au – mein Rücken!

– HEINI: Ich steck' doch immer das stumpfe Ende rein, da kann nichts passieren.

– MUTTER: So ein Schwachsinn! Wie alt bist du eigentlich!? Sitzt du immer noch bei deinen Schularbeiten? Was hast'n auf?

– HEINI: Na, Mengenlehre . . .

– MUTTER: *blättert nervös in einem Heft, reißt dabei ein Milchglas um, das Heft wird naß.* Verdammter Mist!

– HEINI: Das warst du aber jetzt!

– MUTTER: Na ja, bei den Schularbeiten trinkt man ja auch nicht! Sauerei sowas! *Nimmt einen Lappen und will den Tisch abwischen.*

– HEINI: Nee, laß mich wegwischen, sonst schmeißte noch was um . . .

– MUTTER: Frech! Auch noch frech! Faul, dumm, unordentlich, aber mich, die sich abrackert, die kaum noch japsen kann, die einfach fertig ist, anrotzen wie der letzte miese Rotzflegel! – Was ist denn das für ein Brief?

– HEINI: Heute morgen sind wir zu spät gekommen, das steht in dem Brief von Frau Hübner drin, sollst unterschreiben, daß du's gelesen hast . . .

– MUTTER: So! Noch was!? Willst wohl am Ende auch noch sitzen bleiben?! Räum jetzt den Tisch ab, damit wir Abendbrot essen können!

– HEINI: Warum brüllst du denn immer so?

– MUTTER: *brüllt:* Ich brülle überhaupt nicht!!!

– HEINI: Doch . . .

– MUTTER: *wird unsicher:* Ich brülle nicht, ich bin nur sehr nervös! *Packt eine Tüte auf den Tisch, ein Henkel reißt, Sachen fallen aus der Tüte, sie will sie auffangen, stößt sich.* Mist! Alles geht schief!

– HEINI: Warum bist du denn so nervös?

– MUTTER: Das verstehst du nicht. Dazu bist du zu jung. – Was soll denn die Fragerei? Willst du mich vielleicht verhören?

– HEINI: Nein, wir haben das heute auf dem Nachhauseweg besprochen, daß wir alle unsere Eltern fragen, warum sie so nervös sind, und so viel schreien und schimpfen, und morgen wollen wir uns erzählen, was dabei herausgekommen ist.

– MUTTER: So! Und wer hat euch dazu aufgehetzt? Wer hat das ausgeheckt?

– HEINI: Na, nur Vivi Purzel und Elke Schimmel, und ich. Und Bobby war auch dabei.

– MUTTER: Bobby Bobby Trumm? Der Sohn vom Spielzeug-Trumm, dem die Fabrik gehört?

– HEINI: Na ja –?

– MUTTER: Dem erzählst du, daß sich deine Mutter wie eine Verrückte aufführt, damit er das seinem Vater wiedererzählt, bei dem ich arbeiten muß?

– HEINI: Nein, Bobby kam erst später dazu!

MANNOMANN!

Ein Stück für Menschen ab 7
von Volker Ludwig, Reiner Lücker und Ensemble
Liedertexte: Volker Ludwig
Musik: Birger Heymann

Gerda Hinze hat zwei Kinder, aber keinen Mann. Da die Leute einer alleinstehenden Mutter das Leben zur Hölle machen können, beschließt Frau Hinze, wieder zu heiraten. Ihr Kollege Rudi, den sie auf der Arbeit kennengelernt hat, wird Klaus' und Trixis neuer Vater.

Aber schon bald nach der Hochzeit entpuppt sich Rudi als ein wahrer Pascha. Klaus und Trixi finden es unerträglich, daß jetzt zu Hause immer einer kommandiert und herumschreit. Da kann ihre Freundin Annemarie tausendmal behaupten, daß Väter immer so sind, Klaus und Trixi wollen sich daran nicht gewöhnen. Sie beschweren sich bei ihrer Mutter, aber ohne Erfolg.

So beschließen die Kinder, abzuhauen. Trixi weiß eine verlassene Laube, in die man ›einziehen‹ könnte. Dann hätten sie ein eigenes Zuhause, ohne Meckervater. Um ihr neues ›Heim‹ zu möblieren, schleichen sie sich auf den Packhof, auf dem ihr Stiefvater arbeitet, um Kisten zu organisieren. Dabei werden sie Zeuge, wie der gefürchtete Haustyrann Rudi sich von seinem Vorarbeiter grundlos zusammenstauchen läßt, ohne sich zu wehren. Vielleicht meckert er deshalb immer zu Hause herum, weil er auch angeschrieen wird?

Die Kinder schließen aus dieser Erfahrung, daß man sich wehren muß, statt abzuhauen.

Sie kehren nach Haus zurück, noch bevor ihr Verschwinden bemerkt worden war. Als die Kinder beichten, was sie vorhatten und warum, erschrickt Gerda. Gemeinsam beschließen Mutter und Kinder, vom Vater zu verlangen, daß er sich ändert. Sie wollen keinen Vater und Mann mehr, der herumkommandiert, sich bedienen läßt und nie mit anfaßt, nur weil er ein Mann ist.

Rudi führt der Familie ironisch vor, wie das wohl aussehen würde: er mit Schürze, lächerlich! Aber außer ihm selbst

findet es keiner lächerlich; so muß er einwilligen, sich zu ändern, wenn's auch schwer fällt.
Langsam macht er auch Fortschritte, sogar am Arbeitsplatz läßt er sich nicht mehr alles gefallen.
Als Annemarie Klaus' und Trixis gewandelten Vater erlebt, ist sie begeistert; sie will auch einen solchen Vater haben. Und wenn ihre Mutter hilft, vielleicht kann sich zu Hause auch was ändern . . .

Uraufführung: 31. 5. 1972 im Forum-Theater (230 Aufführungen)
Regie: Reiner Lücker und Ensemble; *Regie-Assistenz:* Carola Preuß; *Bühnenbild:* Douglas Rosen; *Uraufführungsbesetzung:* Jörg Friedrich, Renate Küster, Dietrich Lehmann, I Sa Lo, Joachim Schmahl, Jutta-Friederike Schmidt.
2. Inszenierung: 10. 2. 1978 im GRIPS Theater (64 Aufführungen bis Ende 1978)
Regie: Reiner Lücker; *Bühnenbild:* Manfred Baatz, Christoph Mannack; *Besetzung:* Jörg Friedrich, Thomas Goritzki, Christina Grabowsky, Sabine Lorenz, Cornelia Stähle, Bernd Vollbrecht.
Fernsehaufzeichnungen: WDR; Jugoslawisches Fernsehen.
Schallplatte: Wagenbach Verlag, Quartplatte 9
Buchveröffentlichungen: 3 x Kindertheater Band 2, Ellermann Verlag, München; Textauszüge, Protokolle, Fotos, Materialien in: Mannomann; 6 x exemplarisches Kindertheater, DuMont Schauberg, Köln.
Nachinszenierungen/Inland: 29, in folgenden Städten: Barkhausen, Bielefeld, Bochum, Bonn, Bremen, Bremerhaven, Dinslaken, Dortmund, Duisburg, Frankfurt, Gelsenkirchen, Göttingen, Hamburg, Hannover, Mainz, Mannheim, München, Münster, Oberhausen, Oldenburg, Osnabrück, Saarbrücken, Würzburg, Wuppertal.
Nachinszenierungen/Ausland: 11, in folgenden Städten: Antwerpen, Bern, Kopenhagen, Long Beach, Lund (Schweden), Maribor (Jugoslawien), Milwaukee, Montreal, Northampton (Mass./USA), Paris, Wien, Zagreb.
GRIPS-Gastspiele: in Esch/Luxemburg (1974; mit der ersten Inszenierung) und in Paris und Brüssel (1978; mit der zweiten Inszenierung).

Aus Gesprächen mit Berliner Schulklassen beim Schreiben von Mannomann!

»Die Mädchen müßten alle aus der Klasse rausfliegen. Die sind blöde und ziehen einen immer an den Haaren. Mädchen sind auch nicht so schlau.« *Frank, 9, Reinickendorf*

»Ist ja logisch, daß die Jungen die Mädchen immer ärgern, die trauen sich doch nie, zu den Mädchen mal zu sagen: ›Du siehst heute schön aus.‹ Und dann lachen sie die andern aus, wenn sie 'nen Freund haben.« *Sylvia, 10, Wedding*

»Es ist natürlich ein Vorteil, wenn die Schwester kleiner ist, dann kann man nämlich immer in sie hineinpieken, ohne daß sie einen mal richtig schlagen könnte.« *Artur, 9, Zehlendorf*

»Schwestern sind nützlich. Man ist nicht so allein und hat wenigstens einen, den man ärgern kann.« *Michael, 9, Zehlendorf*

»Die Jungen hänseln einen immer, wenn man mit einem Jungen geht und sagen immer: ›Wann ist denn die Hochzeit?‹ Das ist richtig doof und gemein.« *Kerstin, 10, Charlottenburg*

»Ich habe eine Freundin und wünsche mir, daß sie ein Junge wäre, dann könnte ich sie heiraten.« *Birgit, 10, Charlottenburg*

»Die Mädchen haben zarte Hände und wir Männer haben richtig so harte . . .« *Wilfried, 10, Wedding*

»Wenn die Männer Kartoffeln schälen, zerquetschen die die doch in den Händen, weil wir zu grob sind.« *Ralf, 10, Wedding*

Aus einer vom ZDF arrangierten Diskussion zwischen GRIPS und elf Kindern einer Grundschule am Wedding

Silvia: Bevor man heiratet, muß man sich mit dem Mann einigen, daß sie abwechselnd die Dreckarbeit machen und mit dem Baby und so.

Sabine: Einer muß es doch machen. Lieber die Frau?

Frank: Ja, lieber die Frau, die hat die schickeren Hände.

GRIPS: Wie ist das denn für die Mädchen, wenn ihr Hausfrau werdet oder heiratet und euch nach einiger Zeit nicht mehr mit dem Mann versteht, was würdet ihr denn da machen?

Heike: Wenn man Kochen kann, kann man ja eine Kochschule besuchen oder so.

Erika: Eine Abendschule besuchen.

GRIPS: Was macht ihr, wenn ihr mehrere Kinder habt und wieder zur Schule geht? Ist es nicht einfacher, sich jetzt schon zu überlegen, wie man das später organisieren kann, daß die Frau weiterarbeiten kann?

Heike: Wenn der Mann das nicht will, daß ich weiterarbeite. Wenn der Mann nicht will, daß die Kinder allein sind, daß die Frau bei den Kindern bleiben soll.

Claudia: Na ja, vielleicht kriegt die Frau einen besseren Beruf als er und verdient mehr. Dann wird er von seinen Kollegen gehänselt oder so.

Lehrer: Bei einem Arbeitsunfall des Mannes, wenn die Frau arbeiten gehen muß, was willst du denn dann arbeiten, wenn du Hausfrau bist?

Silvia: Die Frau sollte 'nen ganz leichten Beruf anfangen, in dem sie höher gehen kann. Wie mein Vater, der hat erst angefangen in der Fabrik zu arbeiten und dadurch ist er ganz hoch gekommen.

Die Nachbarin und der Hausverwalter meckern mit Frau Hinze über Trixi und Klaus. Annemarie ist ein braves Mädchen.

Ein Mann (und Vater) muß her. Rudi kommt. Aber bald kommandiert er alle rum und meckert mit den Kindern und der Mutter.

Da hauen die Kinder ab. Sie verstecken sich auf dem Dachboden. Auch Annemarie ist dort, wenn ihre Eltern Krach haben.

Die Kinder sehen: Auch der Vater wird auf der Arbeit angemeckert. Genauso meckert er dann zuhause mit der Familie. Da kommen die Kinder zurück.

Der Vater ändert sich schließlich, weil ihn die Kinder und seine Frau dazu erziehen. Jetzt läßt er sich auf der Arbeit nichts mehr gefallen.

Auch mit dem Hausverwalter wird er fertig. Annemarie wünscht sich, daß sich auch in ihrer Familie so einiges ändert.

Aus dem Protokoll eines Gespräches mit der 5. Klasse der 3. Grundschule Wilmersdorf nach Besuch der Aufführung von Mannomann

Junge: In dem Stück da ... einem normalen Kind in der Familie fällt nichts so auf, aber in dem Theaterstück wird das so richtig rausgegriffen, daß das Kind richtig aufmerksam gemacht wird, daß es davon was lernt – deswegen fand ich das so gut.
Mädchen: Mir gefiel die ganze Logik in dem Stück.
GRIPS: Worin bestand die Logik?
Mädchen: Na ja, daß man sich nicht rumkommandieren lassen muß.
Junge: Na ist ja ganz logisch, da kann ja der Vater gar nichts dafür, daß er so sauer ist, wenn er selber angebrüllt wird, dann gibt man das ja auch weiter und außerdem auch in der Umwelt, wenn gar nichts mehr schön ist, über alles wird man nur angeschnauzt, überall ist Krach – da wird man ja aggressiv.
Mädchen: Mit meinem Vater kann man nicht diskutieren. Es muß immer alles stimmen, was er sagt. Also er sagt, und es muß stimmen. Und da kann keiner was dagegen sagen, es stimmt einfach. Also mit dem kann man nicht diskutieren. (Das Mädchen hat Sprachstörungen, es stottert stark, wollte das aber unbedingt loswerden.)
Junge: Die Trixi und der Klaus, die waren auch solidarisch, aber die Annemarie, die hatte keinen Bruder, die hatte auch keine Schwester, die hatte auch keinen Mut dazu gehabt, ihren Eltern mal die Meinung zu sagen.
GRIPS: Habt ihr zu Hause mit euren Eltern über das Stück gesprochen?
Mädchen: Meine Eltern haben gesagt, daß ich ... also ein bißchen ... frech werde.
Mädchen: Meine Mutter hat das auch gemeint, das mit der Arbeitseinteilung. Mein Vater müßte was machen und meine Mutter, beide arbeiten. Meine Mutter arbeitet bis sieben, mein Vater nur bis halb fünf. Aber mein Vater hat sich das gar nicht richtig angehört, der wurde gleich wütend.

»Doof bleibt Doof«

Ein Stück für Menschen ab 8
von Ulrich Gressieker, Volker Ludwig und Reiner Lücker
Liedertexte: Volker Ludwig
Musik: Birger Heymann

In allen bisherigen Stücken waren die Kinder immer eindeutig positive Figuren: Sie waren es, die gegenüber einer erstarrten und verknöcherten Erwachsenenwelt Vernunft und Solidarität entwickelten. Die Kinder schienen die Utopie gepachtet zu haben.

In *»Doof bleibt doof«* stehen zum erstenmal Kinder im Mittelpunkt der Geschichte, deren Verhalten alles andere als nachahmenswert ist: Pille, Ärmel, Manne und Melitta sind nur einig, wenn es darum geht, Brille zu quälen.

Erwin Wuttke, genannt »Brille«, hat das Pech, Hauswartssohn zu sein und Brillenträger. Die Hänselei der anderen macht ihn unbeholfen und ängstlich. Und wenn die anderen sauer auf Schule oder Lehrer sind, verkloppen sie Brille.

Lehrer Lampe, der den Kindern einmal Partner sein wollte, hat längst resigniert. Die Klasse ist zu groß, er kann sich nicht um jeden kümmern. Wer nicht mitkommt, bleibt eben sitzen.

Und natürlich erwischt es auch Brille. Zwar regt sich in seinem Falle Lehrer Lampes schlechtes Gewissen, aber was soll der denn machen? Die Zwänge des Schulbetriebes sind stärker als seine pädagogischen Ideale. Brille ist nicht dumm, aber das Stigma des Außenseiters zwingt ihn in die Defensive und so wird er sein Leben lang herumgestoßen werden – wenn er es nicht lernt, sich zu wehren.

Erst als die anderen Schüler erfahren, daß auch einige von ihnen sitzenbleiben, ringen sie sich zu solidarischem Verhalten durch und erkennen die Lage aus Brilles Sicht.

Die Kinder merken: Doof geboren ist keiner, doof wird man gemacht – und stellen den Lehrer vor ihr Kindergericht. Dabei erfahren sie, daß der nicht ihr Gegner ist. Nur mit ihm und den Eltern zusammen wäre es möglich, die Verhältnisse in der Schule, unter denen sie leiden, zu ändern.

Das Stück liefert keine Lösung, die Klasse wird nicht

kleiner. Aber die Kinder wissen jetzt, daß das nicht richtig ist. Es müßte anders sein. Und es zu ändern, will gelernt sein.

Uraufführung: 16. 2. 1973 im Forum-Theater (130 Aufführungen)
Regie: Reiner Lücker und Ensemble; *Regie-Assistenz:* Reimer Kuhlmann; *Bühnenbild:* Werner Hutterli; *Uraufführungsbesetzung:* Frank Glaubrecht, Ulrich Gressieker, Ursula Haustein, Renate Küster, I Sa Lo, Joachim Schmahl, Christian Sorge.
Fernsehaufzeichnung: WDR
Schallplatte: WEA Bunny-Serie
Buchveröffentlichung: Weismann Verlag München, Reihe: Materialien (zusammen mit *Ein Fest bei Papadakis*). In dieser Buchausgabe sind auch Materialien zur Nachbereitung enthalten.
Nachinszenierungen/Inland: 5, in folgenden Städten: Bonn, Detmold, Dortmund, Düsseldorf, München.
Nachinszenierungen/Ausland: 5, in folgenden Städten: Basel, Brüssel, Cordoba (Argentinien), Graz, Linz.

Doof gebor'n ist keiner

2. Einigen hilft alle Welt,
doch den meisten fehlt das Geld,
die müssen dauernd kämpfen um ihr Recht.
Darum Kinder aufgepaßt,
daß ihr euch nichts gefallen laßt,
denn keiner ist von ganz alleine schlecht!

Doof gebor'n ist keiner,
doof wird man gemacht,
und wer behauptet: doof bleibt doof,
der hat nicht nachgedacht.

Doof gebor'n ist keiner,
doof wird man gemacht,
und wer behauptet: doof bleibt doof,
vor dem nehmt euch in acht!

Die österreichische Version:

Bled kummt kana auf die Wölt
bled des wird ma gmacht.
Und sagt da ana: bled bleibt bled
dann denkt a halt net nach!

Drum Freunde miassts dazuaschaun
gemeinsam, sads net bled!
Und herts net auf zum Fragn
wal Kuschn hülft eich net
da hülft nur, wann ma si gemeinsam wehrt!

Bled kummt kana auf die Wölt
bled des wird ma gmacht.
Und sagt da ana: bled bleibt bled
vur dem nehmts eich in acht!

Ruhe im Karton!

Ein Spaß für Menschen ab 5
von Stefan Reisner und Ensemble
Liedertexte: Volker Ludwig
Musik: Birger Heymann

Eine Familie mit zwei Kindern. Die Mutter ist abgehetzt von all den Dienstleistungen, die von ihr wie selbstverständlich erwartet werden. Der Vater kommt von der Arbeit und will Ruhe haben, sein Bier trinken. Die Wohnung ist nicht gerade für Kinderspiele geeignet, es steht also jeder jedem im Weg. Die Kinder Ulli und Britta möchten gern mit den Eltern spielen oder sie wollen wenigstens ungestört sein, wenn sie mit ihrem Freund Klaus zusammen sind. Doch jedesmal, wenn das Spiel Spaß macht und auch laut wird, kommen die Eltern dazwischen. Die Eltern brüllen ihre Kinder an, und die geben's weiter an die Spielkameraden. Am Wochenende passiert nun eine Katastrophe: der Fernseher geht kaputt und die Eltern müssen sich mit ihren Kindern beschäftigen. Doch was sie den Kindern vorschlagen, macht denen wenig Spaß: so sollen z. B. die Kinder lernen, Tango zu tanzen. Die Kinder aber möchten lieber auf dem Kopf stehen und rückwärts sprechen. Der Vater schlägt vor, Musikinstrumente zu holen und Musik zu machen. Er bläst, zur Ermüdung aller, einen Marsch. Alle merken, daß es wichtig ist, sich zu verständigen, jeder soll seine Wünsche äußern. Über das Gespräch kommen alle zu einem Spiel, sie bauen sich die Wohnung um und zum erstenmal machen alle was zusammen:

Wir machen was zusammen
Noch ist es nicht viel
Wir machen was zusammen
Erst mal ein Spiel
Laßt es ruhig schiefgeh'n
Jeder fängt mal an
Wir machen was zusammen
Wir bleiben dran

In diesem Stück sprechen die Eltern in immer gleichen Sätzen: sie verfügen nur über Befehls- und Gebotsformeln.

Sich hilflos aufs Befehlen zurückzuziehen – das verstehen sie unter Erziehung. Doch die Kinder unterlaufen diesen Stil. Sie nehmen die Floskeln wörtlich oder fangen an, zu argumentieren; die Eltern, die so etwas nicht gewohnt sind, kommen in Schwierigkeiten.

Uraufführung: 23. 10. 1973 im Forum-Theater (213 Aufführungen)
Regie: Stefan Reisner und Ensemble; *Regie-Assistenz:* Berta Kammerhuber, Burgi Mattuschka-Berner; *Bühnenbild:* Waltraut Mau; *Uraufführungsbesetzung:* Jörg Friedrich, Gabi Go, Renate Küster, Christian Sorge, Wolfgang Ziffer.
Fernsehaufzeichnung: WDR
Buchveröffentlichung: 3 x Kindertheater Band 3, Ellermann Verlag, München
Nachinszenierungen/Inland: 10, in folgenden Städten: Castrop-Rauxel, Frankfurt, Hamburg, Hannover, Heilbronn, Karlsruhe, Mainz, Oldenburg, Würzburg, Wuppertal.
Nachinszenierungen/Ausland: 4, in folgenden Städten: Brüssel, Lund (Schweden), Luzern, Paris.

Ein Fest bei Papadakis

Theaterstück für Menschen ab 8
von Volker Ludwig, Christian Sorge und Ensemble
Liedertexte: Volker Ludwig
Musik: Birger Heymann

Jeden Samstag geht der Arbeiter Willi Müller mit seinen Kindern Vera und Dieter zelten. Aber diesmal haben andere seinen Zeltplatz besetzt: Gastarbeiter Papadakis mit Sohn Jannis. Das Wochenende ist im Eimer.
Das Stück handelt von Willi Müllers Versuchen, die Griechen von »seinem« Zeltplatz zu vertreiben. Dieter übernimmt ungebrochen die Vorurteile seines Vaters – Vera aber, mit Jannis in einer Klasse, hat viel weniger Ressentiments. Kein dummer Spruch über Ausländer, der in dem Streit nicht benützt würde.
An der zwölfjährigen Türkin Aysche, die hier die Dreckarbeit verrichtet, zeigt sich, daß auch unter Gastarbeitern Rangordnungen herrschen. Die deutschen Kinder erhalten vier Mark fürs Autowaschen, zahlen Jannis davon drei, der wiederum Aysche für zwei Mark die Arbeit machen läßt.
Als die Papadakis erfahren, daß sie auf Müllers Gewohnheitsplatz sitzen, tauschen sie bereitwilligst mit den Kindern Müller den Zeltplatz. Herr Müller, den man überraschen wollte, kriecht aber nachts besoffen in das falsche Zelt.
Während die Kinder sich anfreunden, wird Müller erst durch einen Schock vernünftig: Nicht das »Pack«, sondern er soll den Platz räumen – weil er nächtens so gelärmt hat. Doch als er erfährt, daß die Griechen doppelte Platzmiete zahlen mußten, macht er gemeinsame Sache mit ihnen, um den Platzbesitzer – mit Erfolg – unter Druck zu setzen. Vom rückerstatteten Geld wird ein gemeinsames Siegesfest finanziert. Die Verständigung zwischen Müller und den Gastarbeitern hat zumindest begonnen.

Uraufführung: 10. 12. 1973 im Forum-Theater (213 Aufführungen)
Regie: Jörg Friedrich und Ensemble; *Regie-Assistenz:* Bertha Kammerhuber, Burgi Mattuscka-Berner; *Bühnenbild:* Waldtraut Mau; *Uraufführungsbesetzung:* Atiye Bozyel, Frank Glaubrecht, Ursula Haustein, Dietrich Lehmann, Christian Sorge, Christian Veit.
Fernsehaufzeichnung: WDR
Schallplatte: Wagenbach Quartplatte 13
Buchveröffentlichung: Weismann Verlag, München, Reihe: Materialien (zusammen mit dem Stück »*Doof bleibt doof*«). In diesem Band sind auch Materialen zur Nachbereitung abgedruckt.
Nachinszenierungen/Inland: 15, in folgenden Städten: Bielefeld, Bonn, Bremen, Dinslaken, Dortmund, Frankfurt, Göttingen, Hamburg, Ingolstadt, Karlsruhe, München, Nürnberg, Oldenburg, Saarbrücken.
Nachinszenierungen/Ausland: 5, in folgenden Städten: Antwerpen, Graz, Paris, Schlangna (rätoromanische Schweiz), Wien.
GRIPS-Gastspiel: in Amsterdam (1975).

Die Ruckzuckmaschine

Theaterstück für Menschen ab 6
von Reiner Lücker und Stefan Reisner
Liedertexte: Volker Ludwig
Musik: Birger Heymann

In diesem Stück spielen keine Kinder, sondern nur Erwachsene und die Maschine. In Form einer Parabel wird die Arbeitswelt gezeigt. Ein Lehrling ist froh, der Schule entkommen zu sein und endlich arbeiten zu dürfen. Was er jedoch kennenlernt, ist die entfremdete Arbeit in unserer Gesellschaft. Die Arbeit, so erfährt der Lehrling, ist nicht dazu da, den Menschen zu verwirklichen, sondern dient dem Profit. Die Arbeiter wissen gar nicht, was und wofür sie produzieren, sie leiden einzig unter den Bedingungen ihrer Arbeit, an der »Maschine«. Anfangs fühlen sich alle durch die Fragen des Lehrlings nur gestört, doch dann werden sie hellhörig und beginnen, mit der Maschine zu hadern. Warum wird nicht so produziert, daß niemand krank wird, warum werden nicht Gegenstände hergestellt, die von allen benötigt werden? In Slapstickmanier werden diese Fragen dargestellt; die Maschine wehrt sich regelrecht: mit Musik und Feuer, Schmeichelei und Drohungen. Die Arbeiter erkennen ihre Kraft und wehren sich; sie streiken und es gelingt ihnen, für einen Augenblick die Produktionsbedingungen zu ändern.
Die sehr konsequente, wenn auch phantastische Darstellung der Arbeitswelt stieß bei zahlreichen Pädagogen auf Ablehnung. In diesem Stück wird sehr direkt politisch argumentiert und manche Lehrer fürchteten, mit der Aufarbeitung von Begriffen wie »entfremdete Arbeit« oder auch nur »Streik« anzuecken. So wurde dieses Stück mehr in wissenschaftlichen Seminaren diskutiert als mit Kindern.

Uraufführung: 10.6.1974 im Forum-Theater (51 Aufführungen)
Regie: Jörg Friedrich; *Regie-Assistenz:* Elke Irmer; *Bühnenbild:* Waltraut Mau; *Uraufführungsbesetzung:* Jörg Friedrich (alternierend mit Helmut Krauss), Gaby Go, Wolfgang Immenhausen, Renate Reiche.

Buchveröffentlichung: 3 x Kindertheater Band 6, Ellermann Verlag, München
Nachinszenierungen/Inland: 2, in folgenden Städten: Göttingen, München.
Nachinszenierungen/Ausland: 2, in folgenden Städten: Graz, Utrecht.

Theaterstück für Menschen ab 9
von Volker Ludwig und Jörg Friedrich
Liedertexte: Volker Ludwig
Musik: Birger Heymann

Die Entwicklung des Plakatklebersohns Wolfgang Hannemann vom scheinweltsüchtigen Spinner zum phantasievollen Realisten. Durch Schulkameraden, Kinder eines Werbefilmproduzenten, gerät er in die »große Welt«, soll in einem Werbefilm für »Lutschi«-Bonbons mitwirken. Weder seinem Vater, noch seiner Freundin Rita, die beide mit den Füßen auf dem Boden der Tatsachen stehen, gelingt es, ihn von seinem Trip, seinem Träumen (die auf der Bühne gezeigt werden) herunterzubringen. Erst die Erlebnisse im Garten der Produzentenvilla selbst lassen ihn der »großen Welt« auf die Schliche kommen: erste kleine Erfahrungen mit Faszination und Lächerlichkeit der Branche führen zu allmählicher Desillusionierung, zur Entlarvung des großen Illusionsmachers als eines angstschwitzend Abhängigen; auch die angehimmelte Mannequin-Mutter entpuppt sich als hilflos und gekünstelt. Die Kinder überziehen den Werbespot in sein Gegenteil, es kommt zum Eklat, Vater Hannemann hat seinen Sohn wieder. Wolfgang und Rita haben nichts verdient, aber viel dazugelernt.
Es geht hier um den Widerspruch verschiedener Denkweisen, um Klassenwidersprüche und wie man ihnen begegnet. »Den Plakatkleber schmiert keiner mehr an«, singt Vater Hannemann.

Uraufführung: 6. 10. 1974 im GRIPS Theater am Hansaplatz (96 Aufführungen).
Regie: Jörg Friedrich; *Regie-Assistenz:* Irmi Paulis, Karin Seifert; *Bühnenbild:* Waltraut Mau; *Uraufführungsbesetzung:* Inge Blau, Ulrike Bliefert, Ingrid Kaehler, Bernd Köhler, Dietrich Lehmann, Peter Seum, Christian Veit.
Schallplatte: Wagenbach Quartplatte 15
Buchveröffentlichung: 3 x Kindertheater Band 6, Ellermann Verlag, München

Nachinszenierungen/Inland: 2, in folgenden Städten: Mainz und Oberhausen.
Nachinszenierungen/Ausland: 2, in folgenden Städten: Brüssel und Paris.

Wo ich wohne

Wo ich wohne, wächst nichts Grünes außer Schimmel auf dem Flur.
Meine Mutter sieht ganz grau aus, und mein Vater ist auf Tour.
Wir sind sechs in einer Küche und zwei Zimmern nach'm Hof.
Keiner kann mich richtig leiden, und ich selber find mich doof.
Doch wenn ich alleine bin,
dann passiert was in mir drin:
Ich fahr ab in meine Welt
und kann tun, was mir gefällt.
Dann bin ich Robin Hood, der edle Rächer,
bei dem die reiche Welt vor Angst verreckt,
als Batman flieg ich über alle Dächer –
bis zu den Inseln aus dem Neckermann-Prospekt.
Weiß ist die Villa überm Meeresstrand
von Wulfgang Hannemään, als Filmstar weltbekannt.
Mein stolzer Vater gibt für mich die Autogramme.
Ich fahre Motorboot und Wasserski
mit einer Braut aus der Lux-Seifenreklame:
Mary Lou, the Rose of Laramie,
stolzeste Beute meiner Westernzeit,
die ich aus den Händen einer Gang befreit.
Hands up, sage ich cool, ihr seid verloren!
Da – haut mir die Lehrerin das Heft um die Ohren.
Früher, als ich noch ganz klein war, war die Welt für mich okay,
Vater war für mich der Kaiser und Mama die gute Fee.
Aber jetzt gibt's soviel superschicke Sachen um mich her
und ich find mein Leben stinkig
und ich denk nur, was ich *nicht* hab
und wie schön das Leben wär, wenn's anders wär.
Darum träum ich vor mich hin,
da hat alles seinen Sinn
und ich bild mir ganz fest ein,
so kann es mal wirklich sein.
Nur das Aufwachen ist schwer,
dann ist alles
noch viel blöder
als vorher.

Mensch Mädchen!

Theaterstück für Menschen ab 5
von Stefan Reisner
Liedertexte: Volker Ludwig
Musik: Birger Heymann

Drei Mädchen wollen eine Rakete bauen, mit der man zum Mond fahren kann. Dazu brauchen sie Werkzeug, Hammer, Säge, Bohrer und Nägel. Sie ziehen los, um Eltern und Onkel zu fragen. Die Antworten, die sie bekommen, ärgern sie: Werkzeug sei nichts für Mädchen, sie sollten lieber mit Puppen und Putzlappen spielen. Bruno, der Junge, der über den Zaun springt, sagt das gleiche und lacht die Mädchen aus. Die Mädchen greifen zur List, sie suchen sich das Werkzeug vom Sperrmüll zusammen; den besserwisserischen Jungen schließen sie solange von ihrem Spiel aus, bis er begreift, daß er die Mädchen als ebenbürtig akzeptieren muß. Bruno meint allerdings, Mädchen hätten es ch besser als Jungen. Denn er wird von seinem Vater ständig angemeckert, nie ist er ihm kräftig und geschickt genug. Da schlagen ihm die Mädchen vor, doch einmal die Kleider zu tauschen: Bruno wird als Mädchen verkleidet und erlebt nun am eigenen Leib, wie Madchen behandelt werden. Frech dürfen sie nicht sein, im Haushalt sollen sie helfen und sauber müssen sie bleiben. Nein, Mädchen haben es auch nicht leicht, begreift Bruno, und als nun die Erwachsenen wieder auftauchen, um den heimlichen Spielplatz und die Rakete zu zerstören, tun sich die Kinder zusammen und vertreiben mit List die Erwachsenen.
In diesem Stück wird die Darstellung der Eltern absichtlich in die Nähe der Karikatur gerückt: ihre Haltungen sollen durchsichtig gemacht werden. Das Ende des Stücks ist offen: Emanzipation wird nicht als einfache Umkehrung der Rollen von Jungen und Mädchen dargestellt – es geht vielmehr um die Entdeckung eines neuen Terrains gemeinsamer Erfahrung und gemeinsamer Erfolge.

Uraufführung: 28. 2. 1975 im GRIPS Theater am Hansaplatz (171 Aufführungen)
Regie: Ensemble, Irmi Paulis, Werner Rehm; *Regie-Assistenz:* Peter Bauer; *Bühnenbild:* Waltraut Mau; *Uraufführungsbesetzung:* Gaby Go, Ursula Haustein, Hilde Hessmann, Heinz Hönig, Wolfgang Immenhausen, Erika Skrotzki.
Fernsehaufzeichnungen: ZDF; Jugoslawisches Fernsehen.
Buchveröffentlichung: 3 x Kindertheater Band 3, Ellermann Verlag, München.
Nachinszenierungen/Inland: 6, in folgenden Städten: Barkhausen, Bonn, Frankfurt, Hamburg, Heidelberg, München.
Nachinszenierungen/Ausland: 4, in folgenden Städten: Antwerpen, Baden (Schweiz), Maribor (Jugoslawien), Milwaukee.

DAS HÄLTSTE JA IM KOPF NICHT AUS

Jugendstück für Menschen ab 13
von Volker Ludwig und Detlef Michel
Liedertexte: Volker Ludwig
Musik: Birger Heymann und Wilhelm Dieter Siebert

Die Geschichte einer Clique von fünf Hauptschülern: Sabine, Doris, Thomas, Charlie und Schnulli. Kurz vor dem Schulabgang, ohne Aussicht auf eine Lehrstelle.
Doris würde gern Sekretärin werden, Charlie Kfz-Schlosser, Thomas möchte Fernsehreporter werden, Sabine Erzieherin. Aber der Berufsbeater kann den Schülern nicht helfen. Es gibt keine Lehrstellen für diese Berufe. Schnulli scheint recht zu haben; er meint, es gibt nur zwei Sachen, die man machen kann: »Bulle oder Bruch«.
Die Schüler machen ihr Berufspraktikum. Charlie und Doris preisen im Kaufhaus Spraydosen aus. Sie sind enttäuscht, denn sie hatten gehofft, hier etwas zu lernen, aber stattdessen werden sie nur als billige Arbeitskräfte benutzt. Charlie gerät in Wut und fängt an, die Dosen falsch auszupreisen. Das Zeug ist doch sowieso nichts wert! Eine Verkäuferin bemerkt das und ruft den Abteilungsleiter.
Das Kaufhaus hat den Schulrektor Gabler über Charlies »kriminelle Handlung« informiert, und der beschließt, Charlie zur Stafe in die Parallelklasse zu versetzen. Charlies Klassenlehrerin Frau Schmidt ist dagegen, sie ergreift Partei für Charlie. Aber gegen Gabler kann sie sich nicht durchsetzen.
Im Freizeitheim treffen sich Thomas, Sabine, Doris und Charlie und überlegen, was sie gegen Charlies Strafversetzung machen können. Sie beschließen, eine Parole an die Schulhofmauer zu malen: »Alles klar in diesem Haus – Charlie rein und Gabler raus!« Schnulli hält nichts von einer gemeinsamen Aktion, in der Nacht wirft er die Scheiben in Gablers Büro ein. Entsetzt erblickt der Rektor am nächsten Morgen die Parole. Als Frau Schmidt kommt, geraten beide in eine heftige Auseinandersetzung; die Lehrerin ist nicht bereit, sich von ihren Schülern zu distanzieren. Erregt droht Gabler mit einem Disziplinarverfahren.

Frau Schmidt besucht die Eltern ihrer Schüler, um sie zum Elternabend einzuladen. Kalle Kowalewski, Thomas' Vater, ist zuerst ganz mißtrauisch: nach all dem, was ihm sein Sohn erzählt hat, erwartet er eine Frau, die genau dem entspricht, was er sich unter einer Linken vorstellt. Um so überraschter ist er, als ihm dann die Lehrerin gegenübersitzt und so gar nicht seinem Klischee entspricht. Er entscheidet sich, mit seiner Frau am Elternabend teilzunehmen.
Im Freizeitheim sitzen Doris, Sabine, Thomas, Charlie und Schnulli. Sie sind enttäuscht, daß sie mit ihrer Aktion scheinbar nichts erreicht haben. Der Hausmeister hat die Parole übermalt, und weiter ist nichts passiert. Aber dann bringt Thomas' Schwester die Nachricht, daß der Rektor nachgegeben hat. Charlie darf wieder in seine Klasse zurück.
Während die Schüler über den Grund ihres Sieges rätseln, kommt Frau Schmidt und berichtet, daß gegen sie ein Disziplinarverfahren eingeleitet worden ist. Die Schüler durchschauen die Taktik des Rektors: Er hat Charlies Bestrafung zurückgenommen, damit unter den Schülern wieder Ruhe herrscht und er ungestört die Bestrafung der Lehrerin durchsetzen kann. Den Schülern ist klar, daß sie gerade jetzt gemeinsam handeln müssen. Auch Schnulli sieht das jetzt ein. Sie beschließen, ein Flugblatt zu schreiben, um den Skandal öffentlich zu machen.

Uraufführung: 18. 9. 1975 im GRIPS Theater am Hansaplatz (210 Aufführungen)
Regie: Wolfgang Kolneder; *Regie-Assistenz:* Ursula Haustein, Karin Seifert; *Bühnenbild:* Waltraut Mau; *Uraufführungsbesetzung:* Thomas Ahrens, Inge Blau, Ulrike Bliefert, Gaby Go, Heinz Hönig, Wolfgang Immenhausen, Renate Küster, Dietrich Lehmann, Irmi Paulis, Peter Seum, Erika Skrotzki, Christian Veit.
Schallplatte: TelDec (nova-records)
Fernsehaufzeichnung: WDR
Buchveröffentlichungen: Suhrkamp Verlag, Spectaculum 25/3, und Weismann Verlag, Reihe: Materialien (zusammen mit Fotos, Kritiken, Vor- und Nachbereitungsmaterialien).
Auszeichnungen: Brüder-Grimm-Preis des Landes Berlin 1975, ausgewählt zum Berliner Theatertreffen 1976.
Nachinszenierungen/Inland: 9, in folgenden Städten: Dortmund, Düsseldorf, Frankfurt, Göttingen, Hamburg, Hannover, Kiel, München, Tübingen.

Nachinszenierungen/Ausland: 2, in folgenden Städten: Basel und Svendborg (Dänemark).

6. Bild

Lagerraum bei Kaufheim. Charlie und Doris in Arbeitskitteln. Er holt Spraydosen aus einem Karton, preist sie aus und gibt sie Doris, die sie auf einem Tisch ordnet.

CHARLIE: *(Reckt sich hoch)* Mann, mein Rücken! Das hältste ja im Kopf nicht aus!

DORIS: Ich denke im Rücken!

CHARLIE: *(Preist weiter aus)* Wie lange noch?

DORIS: Ist doch der letzte Tag!

CHARLIE: *(Arbeitet weiter)* Da lernste was für's Leben, wa? Die haben doch wohl 'n Hammer!

DORIS: Wieso? Für die ist das doch gut. Drei Wochen Sachenschleppen und Auspreisen ohne Lohn – was die dabei sparen!

CHARLIE: Die machen doch genug Mäuse! Hier: fünf Mark fünfundfünfzig! Für'n Raumspray. *(Drückt auf den Knopf)*

DORIS: Iiiihh! Das merken die doch!

CHARLIE: Na und?

DORIS: Das stinkt doch!

CHARLIE: *(Drückt noch mal)* Fünf fünfundneunzig! Da läßte doch besser einen fahren, is billiger. *(Beide lachen, setzen sich auf die Tischkante)* Was is'n drin in so'ner Flasche?

DORIS: Na – für'n Groschen Waldmeisteraroma, oder sowas, wa? Mit Wasser verdünnt.

VERKÄUFERIN: *(Fährt mit einem gefüllten Korbwagen über die Bühne)* He! Ihr seid hier nicht in der Schule! Einmal müßt ihr ja auch ein bißchen arbeiten lernen! – Ein faules Pack ist das heute! Aber Ansprüche! *(Ab)*

DORIS: Haste das gehört?

CHARLIE: *(Bringt sich in Wut)* Das hältste ja im Kopf nicht aus! – Was haste gesagt, is die Pulle wert? 'n Groschen? *(Verstellt den Auspreisapparat)* Na, sagen wir mal: fünfzig Pfennige. Der Kaufhausdirektor soll auch nicht leben wie'n Hund! *(Preist aus)*

DORIS: Mensch, biste verrückt? Das kannste doch nicht machen!

CHARLIE: Haste recht. Zu teuer. Zwanzig Pfennige! *(Preist aus)*

DORIS: Also – ich war das nicht!

CHARLIE: *(Preist schnell weiter aus)* Man muß nämlich unterscheiden zwischen Gebrauchswert und Täuschwert – hab' ich von meiner Lehrerin. – Mann, wird das 'ne Enttäuschung für den Chef. *(Nimmt eine andere Sorte Dosen)* Was is'n das hier? Na: dreißig Pfennige – *(Verstellt den Auspreisapparat)* – fünfundvierzig, weil sie so schön bunt ist. *(Preist aus)*

DORIS: Achtung! – Au warte!

VERKÄUFERIN: *(kommt, nimmt die ausgepreisten Spraydosen mit)* Na, was ist denn? Weiter, weiter! *(ab)*

CHARLIE: So, jetzt hat der Chef genug verdient. Der Rest geht weg für'n Groschen. Wer will noch mal von der Miefpulle?

VERKÄUFERIN: (Off, schreit) Herr Braun! Fräulein Bieber! Kommen Sie sofort hierher! *(Kommt mit einer falsch ausgepreisten Dose)* Kommen Sie sofort mit! Ich hole jetzt Herrn Bollmann! Ich hole jetzt sofort Herrn Bollmann! *(Zu Charlie)* Geben Sie sofort das Ding da her!

CHARLIE: *(Hebt die Arme, dann drückt er zwei Preisschilder auf die Brillengläser der Verkäuferin)*

VERKÄUFERIN: *(Hysterisch)* Hilfe! Hilfe! Herr Bollmann *(Ab)* *(Zwischenmusik)*

Kannst du zaubern, Opa?

Theaterstück für Menschen ab 4
von Stefan Reisner und Rainer Hachfeld
Musik: Ralf Schultze

Eine Neubausiedlung, die Kinder Kai, Olaf und Lisa sind gerade eingezogen. Der Spielplatz ist langweilig, die Betonklötze zum Turnen werden nur von den Hunden benutzt. Klar, daß die Kinder woanders spielen; vor dem Fenster von Opa Krauses Apartment. Opa Krause greift ein, als der Lärm stört. Die Eltern aber ärgern sich über den Opa, der nicht zu meckern hat, sondern seinen Lebensabend genießen soll. Die Eltern, abgehetzt und müde, ärgern sich überhaupt zu viel. Als sie sich wieder einmal über den Opa aufgeregt haben, kommen die Kinder mit ihm ins Gespräch. Er erzählt von seiner früheren Laube und wie einsam er jetzt ist. Die Kinder beginnen mit dem Opa gemeinsam zu spielen. Er kann ihnen nämlich einige Zaubertricks zeigen. Gemeinsam haben sie die Idee, ein Fest zu veranstalten, damit sich alle Leute im Haus kennenlernen können. Das Fest findet statt und wird zu einer Katastrophe, weil keiner auf den anderen hört und alles durcheinander organisiert wird. Zwischen den Trümmern des Festes spielen die Kinder den Eltern vor, wie sie sich verhalten haben. Tatsächlich: es wird beschlossen, sich in Zukunft gegenseitig zu helfen. Später werden vielleicht alle einmal richtig feiern können. Dieses Stück für die jüngsten Besucher des GRIPS Theaters beschreibt die Uranfänge einer politischen Organisation: gemeinsame Interessen werden gefunden, ihre Realisierung wird beraten und in die Wege geleitet. Die Nachbarn beschließen, nicht länger nebeneinander und gegeneinander zu wohnen.

Uraufführung: 20. 2. 1976 im GRIPS Theater am Hansaplatz (170 Aufführungen)
Regie: Wolfgang Kolneder und Ensemble; *Regie-Assistenz:* Michael Hüring; *Bühnenbild:* Waltraut Mau; *Uraufführungsbesetzung:* Thomas Ahrens, Adelheid Arndt, Inge Blau, Ursula Haustein, Michael Kausch, Dietrich Lehmann, Christian Veit.

Fernsehaufzeichnung: ZDF
Buchveröffentlichung: 3 x Kindertheater Band 5, Ellermann Verlag, München
Nachinszenierungen/Inland: 3, in folgenden Städten: Frankfurt, Oberhausen und Stuttgart.
GRIPS-Gastspiel: in Esch/Luxemburg (1977)

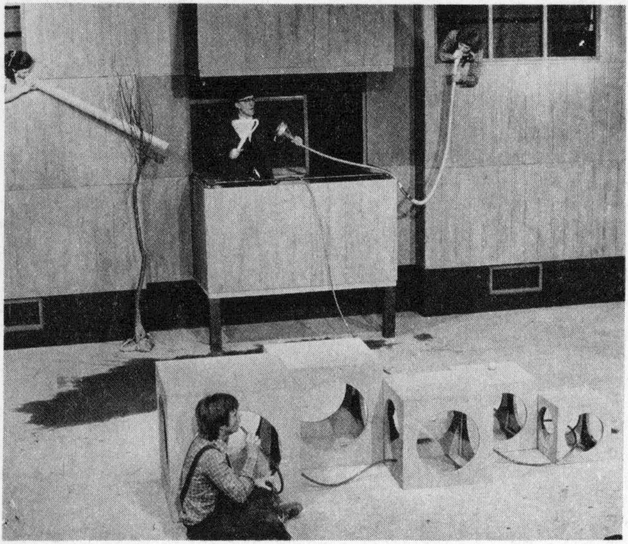

BANANA

Theaterstück für Menschen ab 10
von Rainer Hachfeld und Reiner Lücker
Liedertexte: Volker Ludwig
Musik: Birger Heymann

Banana spielt in Lateinamerika.
Cornelia, ein deutsches Mädchen, verlebt mit ihrem Vater, dem Direktor des Multikonzerns IPP (Inter Pulpo Products), ein paar Ferientage in einem Luxushotel am Meer. Pancho, ein armer Junge aus dem nächsten Dorf, verkauft dort Bananen. Von Cornelia hört er, daß man in der Stadt fast das Doppelte dafür bekommt. Pancho bittet seine Mutter, ihn mit einem Büschel Bananen in die Hauptstadt Santa Basura ziehen zu lassen, wo er das »große Geld« verdienen will. Sein Freund Casimiro, der Straßensänger, will ihm folgen. Mit Cornelia verabredet er sich auf dem Bolivar-Platz in der Stadt. Unterwegs lernt Pancho die Ausbeutung und Schinderei auf einer IPP-Bananen-Plantage kennen. Dort schließt sich ihm Ramón, ein junger Landarbeiter an, der gegen den Aufseher rebelliert hat. Beim Erntedankfest in einem Dorf erleben sie die zwei Seiten der lateinamerikanischen Kirche: ein obrigkeits- (d. h. IPP-) gläubiger Pfaffe verscheucht sie; ein junger Priester hilft ihnen und gibt ihnen eine Anlaufadresse in der Stadt. In Santa Basura verkauft Pancho mit Casimiro erfolgreich Bananen, bis ein Polizist die Früchte und das Geld beschlagnahmt, weil den Jungen die IPP-Verkaufslizenz fehlt. Ramón kann keine Arbeit finden. Casimiro macht sich durch ein Spottlied auf die IPP Luft und wird deswegen verhaftet. Cornelia, die sie mit ihrer Kinderfrau Anna treffen, führt Ramón und Pancho zu Emiliano und Elena, deren Adresse sie vom Pater aus dem Dorf haben. Weil Anna nichts davon weiß, vermutet sie eine Entführung und läßt Alarm schlagen. Emiliano, ein Priester, der mit seiner Helferin Elena den Armen Lesen und Schreiben beibringt, verfrachtet Cornelia nach Hause und sucht Casimiro. Der wird inzwischen im Gefängnis verhört. Es gelingt ihm, sich so dumm zu stellen, daß er entlassen wird. Cornelia muß

gegen ihren Willen nach Deutschland zurück. Dort aber will sie den Leuten erzählen, wie die Praktiken ihres Vaters, der IPP und deren Helfershelfer aussehen. Pancho und Ramón gewinnen bei Elena zunehmend Spaß am Lesen und Schreiben. Emiliano kommt zusammen mit Casimiro zurück. Weiter wollen sie gegen ihre Unterdrücker kämpfen – bis eines Tages das Land befreit sein wird.

Uraufführung: 10. 9. 1976 im GRIPS Theater am Hansaplatz (109 Aufführungen)
Regie: Reiner Lücker und Ensemble; *Regie-Assistenz:* Katharina de Fries; *Bühnenbild:* Waltraud Mau; *Uraufführungsbesetzung:* Ulrich Gressieker, Heinz Hönig, Helmut Krauss, Sabine Lorenz, Irmi Paulis, Ralf Schultze, Christian Sorge.
Schallplatte: Wagenbach Quartplatte 17
Buchveröffentlichung: Weismann Verlag, München, Reihe: Materialien (mit Nachbereitungsmaterialen)
Nachinszenierung/Inland: Karlsruhe.
Nachinszenierung/Ausland: Brüssel.

Das Lied vom Mischmasch

CASIMIRO: Ich sing jetzt das Lied auf den Mischmasch
in Mittel- und Südamerika.
Das Schönste hier, das ist der Mischmasch
Die fröhlichsten Menschen, der heißeste Rhythmus sind nur durch den Mischmasch da.
(Pancho kommt zurück)
CASIMIRO/PANCHO: Der Mischmasch kommt von der Liebe
in Mittel- und Südamerika
Wer arm ist, hat nichts als Liebe
Ob schwarz oder weiß oder gelb oder braun,
Wer hungert, kommt sich nah
Wir sind Amerika
Was ist bloß das andere da?
Cocacola, Bubblegum
Klebt die halbe Welt zusamm'

Ihr da aus USA
Ihr seid nicht Amerika
Euren Reichtum habt ihr von hier
Amerika – das sind wir!

Wir singen das Lied auf den Mischmasch
der schuften muß für die reiche Welt
Die Zukunft gehört dem Mischmasch
den Indios, Latinos, den Sklaven Amerikas,
ganz egal, ob dies gefällt.

Der Mischmasch, der kommt von der Liebe
in Mittel- und Südamerika
Doch von Liebe kann keiner leben
– und eines Tages sind wir da.

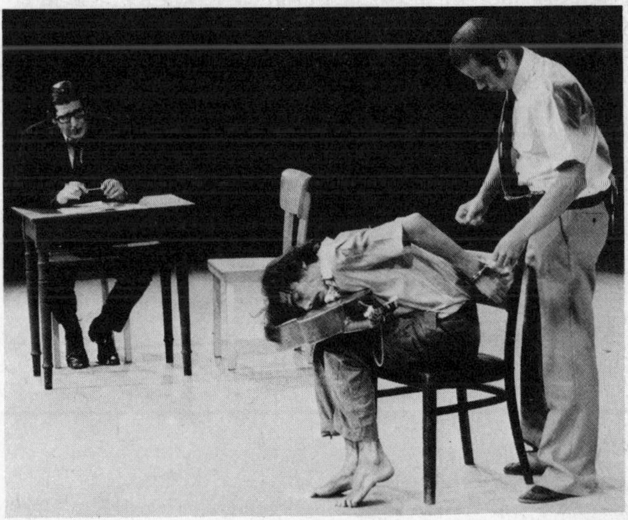

VATERMUTTERKIND

Familienstück für Menschen ab 9
von Volker Ludwig und Reiner Lücker
Liedertexte: Volker Ludwig
Musik: Birger Heymann

Vatermutterkind ist ein sehr altes Kinderspiel, das fast alle Kinder tagtäglich auch in ›echt‹ erleben.
Drei wenig erfreuliche, dafür aber um so häufigere Varianten dieses ›Spiels‹ zeigt das Stück aus der Sicht der betroffenen Kinder.
Vorneweg die Semmelroths: eine ›anständige‹ Familie, ängstlich darauf bedacht, sich nichts nachsagen zu lassen. Doch hinter einer ehrbaren Fassade tobt ein verbissener Kleinkrieg zwischen Vater und Mutter, in dessen Trommelfeuer Sohn Hilmar zum furchtsamen Jasager gerät.
Daneben das geschiedene Ehepaar Fischer: Vater Fischer hat das Sorgerecht für den Sohn erhalten und läßt es Frau Fischer spüren. Bernd ist wochentags bei der Oma und wird am Wochenende zwischen den Eltern ›aufgeteilt‹. Diese Herumschubserei versucht Bernd zu verkraften, indem er sich, die Eltern gegeneinander ausspielend, Geschenke und Naschereien erschleicht.
Schließlich die Familie Hesse, die eigentlich gar keine Familie ist: der früh verstorbene Ehemann entpuppt sich bald als Erfindung der Frau Hesse, die das Gerede wegen ihrer unehelichen Tochter satt hatte. Daniela hat es zu spüren bekommen, daß sie eigentlich immer im Weg war und entwickelte recht harte Ellenbogen, um sich das benötigte Maß an Anerkennung zu verschaffen.
An Hilmars Geburtstag prallen diese drei Spielarten von Familienunglück aufeinander. Während die Erwachsenen krampfhaft die Form wahren, lassen die Kinder ihre aufgestauten Aggressionen aufeinander los, sobald sie alleingelassen sind. Aus dem Kindergeburtstag wird eine Schlacht.
Der Plan Herrn Fischers, Frau Hesse zu heiraten, verbündet die Todfeinde Daniela und Bernd zu einer ›unheiligen Allianz‹: sie wollen diese Heirat verhindern, um nicht zusammen in ein Kinderzimmer gesteckt zu werden. Herr

Fischer und Frau Hesse verkrachen sich (nicht ohne Beihilfe der Kinder) noch vor der geplanten Hochzeit, und Bernd und Daniela, glücklich über ihren Erfolg, entdecken ihre Sympathie füreinander.
Angeregt durch ihr Beispiel versucht auch Hilmar der Ehe seiner Eltern ein Ende zu setzen, damit der ewige häusliche Streit aufhört; er streut Salz in das Essen der Eltern; doch er hat keinen Erfolg.
Die Anschläge der Kinder und die Ereignisse bei der Geburtstagsfeier führen die drei Familien zu einer Aussprache zusammen. Keiner wird sich mehr genauso verhalten wie vorher.

Uraufführung: 4. 3. 1977 im GRIPS Theater am Hansaplatz (81 Aufführungen)
Regie: Reiner Lücker; *Regie-Assistenz:* Marion Freudenthal, Renee Schouwenberg; *Bühnenbild:* Maurice Bachet; *Uraufführungsbesetzung:* Thomas Ahrens, Ellen Esser, Michael Kausch, Annette Kluge, Dietrich Lehmann, Karin Mumm, Christine Schnell, Christian Veit.
Buchveröffentlichung: 3 x Kindertheater Band 6, Ellermann Verlag, München.
Nachinszenierung/Inland: Hannover.
GRIPS Gastspiele: in Lyon und Bregenz (1977).

... UND RAUS BIST DU!

Theaterstück für Menschen ab 5
von Christian Veit, Wolfgang Kolneder und Ensemble
Liedertexte: Volker Ludwig
Musik: Ralf Schultze

Drei Mädchen, Ute, Elfi und Angelika, und ein Junge, Norbert, bauen sich aus Kartons eine Wohnung. Eigentlich wollen sie zusammen spielen – aber es klappt nicht: Norbert kommandiert herum, Elfi paßt sich an, Angelika mault und Ute entwickelt zuviel eigene Phantasie. Sie streiten sich immer mehr – schließlich ziehen sie auseinander, »wohnen« in weit auseinanderliegenden Einzelhäusern. Da kommt ein Neuer, Harald. Die Mädchen lernen ihn kennen und erfahren: sein Vater sitzt im Gefängnis. Sofort verbieten ihnen die Eltern, mit so einem zu spielen.
Harald versucht immer wieder, mitzuspielen – doch er stößt auf eine Wand von Ablehnung. Er wird immer wütender, reagiert brutal, schließlich klaut er Norbert die Uhr. Jetzt scheint alles völlig klar zu sein. Der Sohn eines Klauers muß natürlich auch ein Klauer sein, die Kinder haben es zu Hause nicht anders gelernt. So einer muß bestraft werden, »sonst lernt er es nie«. Sie stecken ihn in einen »Gefängnis«-Karton. Aber anders als ihren Eltern geht ihnen schnell auf, daß das der falsche Weg ist. Sie beginnen zu ahnen, daß Harald nur deswegen aggressiv ist und klaut, weil er von allen abgelehnt wird. Und sie beginnen, sich mit Harald anzufreunden.
Norberts Vater freilich kann das nicht verkraften: trotz Verbotes spielt sein Sohn mit »so einem«. Norbert wird mit Stubenarrest bestraft. Die Kinder kapieren, daß auch das Gefängnismethode ist: man müßte etwas dagegen unternehmen.
... und raus bist du! ist das erste GRIPS-Stück, in dem keine Erwachsenen vorkommen; nur durch die Strafen, die sie über die Kinder verhängen, sind sie präsent: das allerdings ständig.

Uraufführung: 7. 6. 1977 im GRIPS Theater am Hansaplatz (61 Aufführungen)
Regie: Irmi Paulis und Ensemble; *Regie-Assistenz:* Inge Blau, Dominic von Gunten, Ulrike Oppermann, Renee Schouwenberg;
Uraufführungsbesetzung: Thomas Goritzki, Christina Grabowsky, Sabine Lorenz, Cornelia Stähle, Bernd Vollbrecht.
Nachinszenierung/Ausland: in Brüssel.

Wasser im Eimer

Theaterstück für Menschen ab 8
von Reiner Lücker und Stefan Reisner
Liedertexte: Volker Ludwig
Musik: Birger Heymann

Tom macht zusammen mit seinem Vater Urlaub auf dem Bauernhof. Während Vater Fischer nach Forellen angelt, freundet sich Tom mit dem Bauernsohn Hacki an. Beide unternehmen auf dem Mühlfluß eine abenteuerliche Floßfahrt, um die Natur zu erforschen.
Aber statt eine vielfältig lebende Natur entdecken die beiden einen todkranken Fluß. Die Papierfabrik, die den Dorfbewohnern Arbeitsplätze bietet, verschlingt den Wald und vergiftet den Fluß. Tom und Hacki werden Zeuge eines gefährlichen Ringkampfes zwischen der Kloake und dem Fluß, den der Fluß verliert. Mit einer Arie verabschiedet sich der besiegte Fluß theatralisch und ›kippt‹ um.
Die Spieler, die in vielfältiger Verkleidung dieses Spiel vorgeführt haben, beschließen, dem wirklichkeitsnahen aber traurigen Schluß einen weiteren Schluß anzuhängen. Und sie spielen nach dem traurigen Ende einen guten Schluß, in dem der tote Fluß wiederbelebt wird zum Wohle aller. Ein Komödiantenschluß, auf dem Theater leicht herbeiführbar, doch mühsam zu verwirklichen.

Uraufführung: 9. 12. 1977 im GRIPS Theater (118 Aufführungen)
Regie: Jörg Friedrich; *Bühnenbild:* Karl Ernst Herrmann; *Kostüme:* Siegfried Heinzmann; *Uraufführungsbesetzung:* Thomas Ahrens, Michael Kausch, Annette Kluge, Dietrich Lehmann, Karin Mumm, Christian Veit.
Buchveröffentlichung: Weismann Verlag, München, 1979.
Nachinszenierung/Inland: Dortmund.
Nachinszenierung/Ausland: in Wien.
GRIPS-Gastspiel: in Brüssel (1978).

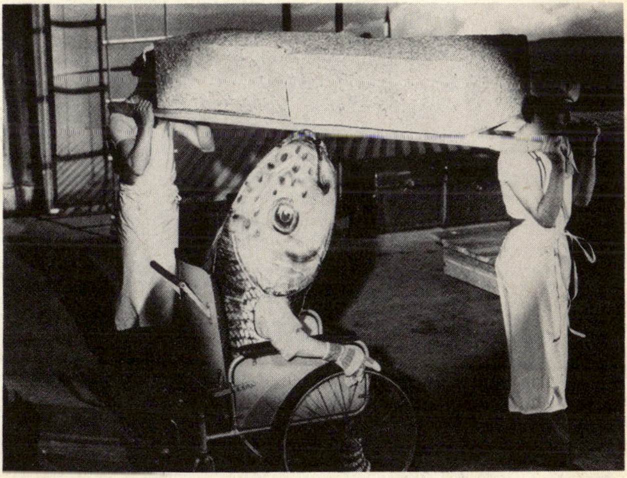

Forelle kommt auf dem Rollstuhl hereingefahren

FORELLE: Das ist kein Leben mehr. Immer auf der Flucht. Und dann mit dem Rollstuhl über die Schleusen springen. Irgendwann muß doch mal sauberes Wasser kommen. Mein Schwanz fällt bald ab. *(Zwei stumme Träger bringen das Fischstäbchen auf der Bahre herein)*

FISCHSTÄBCHEN: *(Zur Forelle)* Ihre Sorgen möchte ich haben!!

FORELLE: Nana – wo kommen Sie denn her? Bin ich hier in einem Krankenhaus?

FISCHSTÄBCHEN: Ich komme vom Meer.

FORELLE: Vom Meer – da will ich hin.

FISCHSTÄBCHEN: Du liebe Güte, ich bin froh, daß ich da weg bin.

FORELLE: Ich muß weg hier, in klares Wasser, der Fluß ist völlig verdreckt. Ich bin schon todkrank, glaube ich.

FISCHSTÄBCHEN: Daß ich nicht lache! Wissen Sie, was im Meer los ist? Lauter Öl schwimmt da rum, das klebt einem alles zu. Und giftige Blasen schwimmen im Wasser, fürchterlich.

FORELLE: Das Wasser stinkt hier, ich weiß nicht mehr, was ich schlucken soll.

FISCHSTÄBCHEN: Und dann das Schlimmste. Was denken Sie, ich war einmal ein wunderschöner dicker Fisch!

FORELLE: Tatsächlich?

FISCHSTÄBCHEN: Dann haben sie mich gefangen, mitten in der Nacht. Dann bin ich in eine Maschine gefallen, und dann haben sie mich in Streifen geschnitten. Und dann lauter Semmelmehl auf mich gestreut.

FORELLE: So eine Sauerei!

FISCHSTÄBCHEN: Na bitte, aus mir ist ein Fischstäbchen geworden! Stellen Sie sich das mal vor!

FORELLE: Was soll ich denn bloß machen? Hier halte ich es nicht mehr aus.

FISCHSTÄBCHEN: Wir sind verloren. Ja, man müßte fliegen können.

FORELLE: Tja fliegen . . . Ich hab Angst vorm Fliegen.

FISCHSTÄBCHEN: Und ich, wissen Sie was: Ich glaube, ich bin wasserscheu geworden, schrecklich!

FORELLE: Das wundert mich nicht. Das ist kein Wasser mehr zum Schwimmen, das ist eine dicke Brühe, zum Sterben.

FISCHSTÄBCHEN: Das ist kein Leben mehr.

FORELLE: Jawohl!

FISCHSTÄBCHEN: Ja! Leben Sie wohl und meiden Sie das Meer!

Die schönste Zeit im Leben

Theaterstück für Menschen ab 13
von Volker Ludwig und Detlef Michel
Liedertexte: Volker Ludwig
Musik: Birger Heymann und Wilhelm Dieter Siebert

Die 15jährige Gabi ist mit ihrer Mutter und deren Freund vor kurzem in das Viertel gezogen. In der Schule hat sie sich mit Petra angefreundet. Petra ist ihr Vorbild. Sie gilt als selbstbewußt, schick, und die Jungen sind hinter ihr her. Die zurückhaltende Gabi findet das toll.

Gabi lernt die Clique kennen, mit der Petra die Freizeit verbringt: Ricci, der als Zugabfertiger arbeitet und sich als Punk-Rocker verkleidet; seine Freundin Silvia; der arbeitslose Schnuppe, der hin und wieder krumme Geschäfte macht; der arbeitslose Wolle, der unermüdlich auf Stellensuche ist; Ulli, die Realschülerin, die Schwierigkeiten mit den Jungen hat, weil sie sich der üblichen Mädchenrolle nicht anpaßt; und Petras Freund Jimmi, der Held, den alle bewundern und beneiden, denn Jimmi hat einen soliden Beruf, und er hat ein Motorrad.

In dieser Clique lebt Gabi und macht enttäuschende Erfahrungen. Die Jungen fordern von den Mädchen das überkommene Rollenverhalten, mit dem Gabi nicht zurechtkommen will, und Petra entpuppt sich als Mädchen, das sich über seine Zukunftschancen systematisch selbst belügt. Der Versuch der Mädchen, sich kollektiv gegen die Ansprüche der Jungen zu wehren, sich über die eigenen Interessen zu verständigen, scheitert. Als aber Jimmi Petra sitzen läßt und sich mit Gabi befreundet, scheint für sie die Welt in glücklicher Ordnung zu sein.

Einige Monate später ist Gabi jedoch ernüchtert. Ihr Zusammenleben mit Jimmi ist eigentlich nicht anders als das ihrer Mutter mit deren Freund. Sie, die doch etwas vom Leben haben wollte, bemuttert Jimmi, schränkt sich ein, begnügt sich mit der Erwartung einer besseren Zukunft; von der Gegenwart hat sie aber nichts.

Auch in der Clique hat sich manches geändert. Schnuppe erwartet einen Prozeß wegen versuchten Totschlags. Ge-

rade er, der selber genug Schwierigkeiten hat, kümmert sich um Silvia, die angefangen hat zu fixen. Ulli ist mit Ricci befreundet, und beide verstehen sich ausgezeichnet, weil sie sich gegenseitig respektieren. Wolles Ausdauer hat sich gelohnt. Endlich hat er eine Lehrstelle bekommen. Petra ist nur noch ein Häufchen heulendes Elend. Ihre Selbstlügen über die schöne Zukunft sind verflogen. Sie hat sich mit Mühe davor bewahren können, auf den Strich geschickt zu werden.
Die Clique kann es kaum fassen, daß Gabi sich aus eigenen Entschluß von Jimmi getrennt hat. Der kommt auf seinem Motorrad, um sie zurückzuholen. Aber Gabi will nicht mehr. Jimmi kann diese Niederlage vor den anderen kaum verkraften. Er wendet sich an Petra. Aber auch die geht nicht mit ihm. Allein muß er mit seinem Motorrad davonfahren.

Uraufführung: 24. 5. 1978 im GRIPS Theater (75 Aufführungen bis Ende 1978)
Regie: Jörg Friedrich und Wolfgang Kolneder; *Bühnenbild und Kostüme:* Siegfried Heinzmann; *Uraufführungsbesetzung:* Ilse Biberti, Stefan Friedrich, Thomas Goritzki, Christina Grabowsky, Heinz Hönig, Annette Kluge, Dietrich Lehmann, Sabine Lorenz, Peter Seum, Christian Veit, Bernd Vollbrecht, Barbara Werz.
Schallplatte: (4 Lieder), GRIPS Theater
Nachinszenierung/Inland: in Tübingen.

7. Bild

Gabi und Wolle sitzen auf dem Sofa. Schnuppe macht den Fernseher aus.

GABI: Wann kommen denn nun die anderen?

SCHNUPPE: Weiß ich doch nicht! Haben wohl keinen Bock mehr gehabt auf Fernsehen . . .

WOLLE: Der Krimi ist ja auch schon mal gelaufen, vor zwei Jahren oder so . . .

GABI: Also erst sagen sie alle, daß sie kommen –

WOLLE: Dann sollen sie doch wegbleiben! *(Schnuppe drückt Wolle näher an Gabi)* Ist doch viel gemütlicher, wa?

SCHNUPPE: Sei kein Frosch! *(Legt eine Soft-Platte auf und zieht sich die Jacke an)*

GABI: Wo willste'n hin?

SCHNUPPE: Ich muß noch mal weg, kann'ne Weile dauern, Stunde oder so . . . *(Steckt einen Schraubenzieher ein)* Also ich klingle dann, wenn ich zurückkomm.

GABI: Haste keinen Schlüssel?

SCHNUPPE: Doch, aber ich bin'n Mann von Welt . . . Also da steht was zum Trinken, Musike zur Untermalung, also denn – macht's euch gemütlich, wa. *(ab)*

GABI: *(Erkennt die Situation)* Das ist wohl'ne Falle –?

WOLLE: Ach, was du dir immer gleich denkst! Bei Ricci und Silvia weiß man doch nie, mal kommen sie, mal kommen sie nicht – und nun sind wir eben –

GABI: Hm?

WOLLE: Nun sind wir eben allein, wie zwei Frettchen in der Wüste. Ist das schlimm?

GABI: *(Überlegt, dann trinkt sie sich einen kräftigen Schluck Mut an, verschluckt sich, muß husten, beide lachen, Wolle klopft ihr mehrmals auf den Rücken. Sit sitzen wieder stumm nebeneinander, die Stimmung ist sofort wieder verlegen)*

WOLLE: Ist eben Schicksal, daß wir jetzt alleine sind . . .

GABI: Der heißt Schnuppe und nicht Schicksal . . . Aber ist ja auch egal, wie der heißt.

WOLLE: Genau!

GABI: *(Unsicher)* Hm?

WOLLE: Kannste mich eigentlich leiden?

GABI: – hm . . .

WOLLE: Sehr?

GABI: Weiß nicht – kenn dich ja kaum.

WOLLE: Naja, das kann man ja ändern.

GABI: Wie meinst'n das?

WOLLE: Naja, das kann man ja ändern . . .

GABI: Ja?

WOLLE: Logo! – *(Er rückt ran, fängt an, an ihr rumzutasten, sie legt erst einen Arm um seine Schultern, zuckt zurück, dann nimmt er ihren Arm und legt ihn wieder auf seine Schultern; dann macht sie ihn in etwa nach, hält ihm mit geschlossenen Augen ihr Gesicht hin, er tippt mit seinen Lippen auf ihre Stirn und Wange, dann weiß er nicht mehr weiter und seufzt)*

GABI: Was haste denn?

WOLLE: Was soll ich denn haben? *(Er gleitet mit seiner Hand zu ihrem Jeans-Bund und kriegt den obersten Knopf nicht auf, sie fummelt an seinem Gürtel rum, ebenfalls ohne Erfolg; alles macht sie mit geschlossenen Augen, leicht zurückgelehnt, in vergeblicher Erwartung des Eroberers, der immer lust- und hilfloser wird. Nach einigen Tastereien sehen sie sich an.)* Du – Gabi?

GABI: Ja – mach ich was Falsches?

WOLLE: Nee – wieso denn?

GABI: Mußte mir sagen.

WOLLE: Ich dir –?

GABI: Du hast ja sicher viel Erfahrung – –

WOLLE: Ich dachte, du –

GABI: *(Schüttelt den Kopf)* Ach!

WOLLE: Das ist, weil – wenn du irgendso'ne Torte wärst, wa, die mit allen rummacht, und so –

GABI: Ich bin zu langweilig –

WOLLE: Neien! Ich – ich trau mir nicht bei dir – ich find dich richtig gut, wa – ich bin zu aufgeregt, und – ich hab auch noch nie richtig . . . So, jetzt weißtes! Erzählste das nun weiter?

GABI: *(Faßt ihn bei den Armen)* Nie! Das bleibt jetzt unser Geheimnis! *(Sie müssen lachen, umarmen sich kräftig, küssen sich, rollen über den Fußboden)*

WOLLE: *(Glücklich)* Wahnsinn! Wahnsinn!

GABI: Jetzt lassen wir uns noch Zeit, mit'm Bumsen.

WOLLE: Denn wird das viel schöner! *(Entwickelt plötzlich Temperament, sie balgen sich und lachen; er will ihr die Bluse ausziehen, sie ihm sein Hemd. Dabei rutscht ihm der halbe 50-Mark-Schein aus der Hemdentasche.)*

GABI: Oh! Ich hab 'n Millionär geangelt!

WOLLE: Los, gib das her!

GABI: Ist ja bloß'n halber! *(Erstarrt plötzlich, springt von ihm weg)* Ist der von Schnuppe?

WOLLE: Wieso denn?!

GABI: Lüg mich nicht an!

WOLLE: Hab doch gar nicht gesagt, daß er nicht von Schnuppe ist!

GABI: *(Zieht sich hastig an)* Wie bei Ricci und Ulli! Für fuffzich Eier eine umlegen und weg! *(Sammelt ihre Klamotten, Tasche, Schuhe auf)*

WOLLE: Aber das war doch ganz anders! Das hab ich doch längst vergessen! Natürlich, war blöde von mir, aber jetzt ist doch alles gut! Gabi! Gabi!!! *(Gabi ab)*

Max und Milli

Theaterstück für Menschen ab 5 von Volker Ludwig
Musik: Birger Heymann

Max (6) versucht mit allen Tricks, das Schlafengehen rauszuzögern; er ist ängstlich, hat aber Einfälle. Seine kleine Schwester Milli ist da robuster. Sie schwärmt für Ekeltiere, Gespenster und alles, was sie gerade im Fernsehen gesehen hat. Beim Kampf um das obere Doppelstockbett kriegt sie die Mutter leichter rum. (Der Vater ist auf und davon.)

Auf dem Spielplatz lernen beide den »bösen« Peter mit der Pistole kennen. Im Grunde sucht er Kontakt. Das mißlingt. Schreiend rennen die Geschwister nach Hause.

Einen Tag später tauscht Max sein Kettcar gegen Peters Spielpistole ein. Die Mutter entdeckt den Handel und versteht ihn überhaupt nicht. Als Peters Vater das »geklaute« Kettcar zurückbringt und seinen Sohn verprügelt, will die Mutter abwiegeln; die unverstandenen Jungen nehmen Kontakt auf und »schießen« auf das jeweilige Elternteil des anderen. Die Mutter verliert die Fassung und haut Max eine runter. Milli hat sich das Kettcar und Pistole angeeignet.

Beim Einkaufen treffen Max und Milli auf Peter, der Bierholen geht. Beim Streitgespräch Milli/Peter rollt Peters Fünfmarkstück in den Gulli. Max schenkt ihm die fünf Mark, mit denen er einkaufen sollte, um Peter vor schlimmen Strafen zu bewahren, vor allem aber, um sich selbst mutig fühlen zu können. Peter schenkt ihm dafür die Pistole, die Maxens Mutter noch in Verwahrung hat.

Durch Millis Ungeschick kommt alles raus. Die Mutter glaubt nur an einen Handel, damit Max die »verbotene« Pistole bekommt. Sie verlangt, daß Peter die fünf Mark zurückzahlt.

Max, Milli und Peter beratschlagen zu dritt, wie sie an fünf Mark kommen können. Schließlich ziehen sie ins Kinderzimmer und spielen Gespenster. Die Mutter überrascht sie, entdeckt schließlich auch den verkleideten Peter, entlockt ihm die Wohnadresse, schickt ihn nach Hause und sucht Peters Vater auf.

Peter schleicht sich zurück, das Spiel der drei erreicht seinen Höhepunkt. Die Mutter kommt mit Peters Vater, der seinen Sohn sucht. Nach vielen Turbulenzen erreichen die Kinder, daß Peter bei ihnen übernachten darf.
Zum Schluß kehrt sich die Eingangsszene um: Die Mutter versucht mit immer neuen Begründungen, noch einmal ins Zimmer zu kommen und mit den Kindern Kontakt aufzunehmen, die Kinder jedoch werfen die Mutter schließlich aus dem Zimmer.

Uraufführung: 3. 11. 1978 im GRIPS Theater (24 Aufführungen bis Ende 1978)
Regie: Dietrich Lehmann. *Bühnenbild:* Manfred Baatz; *Kostüme:* Gisela Storch. *Uraufführungsbesetzung:* Thomas Ahrens, Thomas Goritzki, Christina Grabowsky, Sabine Lorenz, Bernd Vollbrecht.
Fernsehaufzeichnung: SFB.

Mattscheiben-Milli

Ich kenn ein kleines Mädchen aus unserem Haus,
das stiert den ganzen Tag immer geradeaus.
Seine Augen blicken milchig und ein bißchen blöd
und sind schon fast so eckig wie ein Fernsehgerät.

Das ist Mattscheiben-Milli –
oh, oh, oh, Mattscheiben-Milli,
die erst dann lebt –
wenn sie vorm Fernseher klebt.

Sie sitzt auf dem Teppich, ihr Rücken ist krumm,
ihr Mund steht offen, aber sie ist stumm.
Ihr Hals ist steif, ihre Beine schlafen ein,
doch sie stiert, stiert, stiert in den Kasten hinein.

Oh, oh, die Mattscheiben-Milli,
oh, oh, oh, die Mattscheiben-Milli,
die erst dann lebt –
wenn sie vorm Fernseher klebt.

Ob Schnapsreklame, Schlager oder Nachrichtenmann,
die Milli sieht sich alles, auch das Langweiligste an.
Doch wenn die Mutter kommt und will den Kasten abdrehn,
schreit sie: Mutti, Mutti anlassen, ich muß das sehn – oh, oh, oh.

Ein Brief an ›Max und Milli‹

ARBEITSKREIS FÜR ZUSAMMENARBEIT ZWISCHEN KINDERN UND ERZIEHERN E. V.

Kindergarten Witzlebenstraße 37, 1000 Berlin 19

Liebe GRIPS-Leute!
Wir sind ein Kindergarten, mit Kindern von zwei, fünf bis sechs Jahren. Mit acht unserer »Großen« waren wir neulich in *Max und Milli.* Da das Echo sehr groß war, haben wir heute beschlossen, Euch einen Brief zu schreiben und Euch einige Bilder zu malen. Der Brief der Kinder ist spontan entstanden, und ich habe ihn so mitgeschrieben, wie die Kinder ihn diktiert haben. Sie haben von mir keine Anregungen dazu bekommen, ich »durfte« nur schreiben.
Im freien Spiel spielen sie eigentlich seitdem pausenlos Max und Milli, in vielen Variationen, auch zu Hause. Seitdem haben einige der Kinder bei anderen Kindern geschlafen, was bisher noch nicht üblich war.
Es gab unter den Kindern heftige Diskussionen darüber, ob Max und Milli nun Kinder sind oder Erwachsene – aber sie konnten sich nicht einigen.
Ich schreibe Euch auch deswegen, weil ich selber zuerst nicht so begeistert war, wie zum Beispiel von dem ungeheuer guten Stück *Die schönste Zeit im Leben.* Aber die Kinder haben mich eigentlich davon überzeugt, daß sie doch sehr viel verstanden haben und sich stark identifizieren konnten. Meine Kritik war nämlich, daß zu viel los war, auch zu viele Aggressionen, die Maske fand ich unnötig (viele Kinder machten die Augen zu).
Ich hoffe, es macht Euch Spaß, zu hören, wie gut es den Kindern gefallen hat.
Tschüs, weiter viel Erfolg
Monika Hoffmann

Schöne Grüße an Max und Milli!
Also, Monika, dann schreib mal:
Katharina: Ich finde es nicht so schön, daß Max gesagt hat, Milli kann noch nicht alleine über die Straße gehen. Dabei kann die das.
Asja: Die Milli hätte ich gerne zu Hause, weil die so lieb ist, so eine schöne Frisur hat und so ein schönes Gesicht und kann sehr gut schauspielern.
GRIPS ist das beste Theater von Berlin, hat Wolfgang (ihr Vater) gesagt.
Mathias: Mir hat das gefallen, als der Peter und der Max gesungen hat: Mattscheiben-Milli, und Milli war dann traurig.
Hendrik: Mir hat gefallen, daß sie sich unter Kleidern versteckt haben.
Sandra: Daß Milli sich beim Verkleiden in die grüne Kiste versteckt hat.

Hendrik: Daß der Vater gedacht hat, das ist die Milli, die unter der Decke lag, obwohl es der Peter war.
Mathias: Mir hat gefallen, daß die Mutter von Max und Milli gesagt hat: »Wer ist das da?«
Asja: Daß die Mutter gesagt hat: »Max schlaf jetzt.« Und als der Max vor Schreck aus dem Bett gesprungen ist.
Katharina: Ich hatte Angst vor Peter.
Hendrik: Am besten: das Lied »Ich hab ein Kuscheltier« und das singen wir ganz oft im Kindergarten.
Katharina: Ich brauch kein Kuscheltier, ich habe meinen Udo (ihr Vater).
Sandra: Max hat sich unten eine Höhle gebaut.
Mathias: Ich fand schön, daß die Milli hoch zum Max geklettert ist.
Hendrik: Daß die Milli der Puppe die Gummimaske aufgesetzt hat. Und dann kam die Mutter und hat Milli gerufen und hat unter die Decke geguckt und hat sich erschrocken, daß die Puppe die Gummimaske aufgesetzt hat.
Mathias: Ich fand gut, daß der Peter das Seil um den Ast werfen wollte.
Katharina: Mir hat nicht gefallen, daß der Peter mit der Pistole geschossen hat, hatte unheimliche Angst. Und daß er getauscht hat: Kettcar gegen Pistole.
(Kinder auf einmal: Ich hatte Angst vor der Maske, ich auch, ich auch. Ich habe die Augen zugemacht.)
Hendrik: Sie sind sogar zu mir bis an den Rand gekommen. Huh!
Asja: Das Lied »Heidi« hat mir gefallen, das fand ich lustig. Kannt' ich schon. Wir spielen im Kindergarten jetzt auch manchmal Max und Milli.
Sandra: Ich fand schön, daß die Milli der Mutter Marmelade geschenkt hat. Es war lustig, als Milli aus dem Koffer die ganzen Sachen geschmissen hat. Und Mutter sagte: »Was machst du für einen Quatsch?« »Ich räume meine Sachen aus.«
Auf meine Frage, ob es zu lang oder zu kurz gewesen sei:
Kinder: War nicht zu lang, viel zu kurz.
Katharina: Ich war dann noch mal drin.
Auf meine Frage nach dem Schluß:
Asja: Brauchten die Mutter nicht mehr, weil sie einen Freund hatten: »Raus hier, wir brauchen dich nicht, wir wollen schlafen.«
Viele Grüße an Max und Milli
Sandra, Britta, Asja, Mathias, Hendrik, Miriam, Michael, Samuel.

Stefan Reisner

Kindertheater – Ein Gebrauchsartikel

Das GRIPS Theater ging von dem Ansatz aus, *das Kind ernst zu nehmen, es als Zuhörer und als Diskussionspartner zu schätzen.* Es war, als werde das Kind überhaupt erst als vernünftiges Wesen entdeckt. Das traditionelle Kindertheater war ja ein Beeindruckungstheater, in dem *die Angstmacher* die Show spielten. Irrationale Ängste mit ihren höchst politischen Implikationen bestimmten dieses Theater. Mit diesem Gerümpel mußte erst einmal aufgeräumt werden. Als das GRIPS anfing, realistische Kinderstücke zu machen, erschien das denn auch vielen Erwachsenen wie der wahre Königsmord. Im Vordergrund unserer Theaterarbeit stand nicht die Diskussion über ästhetische Fragen des Theaters, sondern immer wieder die direktere Frage nach der Realität des Kindes in unserer Gesellschaft. So entstand eine Verständigung zwischen dem Kind als Zuschauer und den Theatermachern. Hier haben wir den Fall, *daß wir ein Theater machen, das für die Zuschauer oft die einzige Artikulation ihrer Nöte ist.* Kinder können sich nicht (oder kaum) wehren, sie erleben ihre Erziehungssituation individuell, das heißt schicksalhaft. Hier im Theater erfahren sie, daß sie nicht allein sind, daß ihre Probleme benennbar sind und ihre Ursachen haben. Ursachen, die häufiger nicht in den Charakteren von Menschen begründet sind, sondern gesellschaftlich, politisch sind. Im Theater wird dies plötzlich ausgesprochen, das Kind erfährt, daß es nicht allein ist, neben ihm sitzen ja Kinder, die das gleiche erleben.

Nicht neue Ängste werden erzeugt, sondern alte benannt, sprachlich faßbar gemacht, und dies, weil wir meinen, daß so eine Voraussetzung zur Solidarität geschaffen wird. Solidarisch sein können, das kann ja nicht heißen, daß nun alle dem Leithammel nach links nachzurennen haben, sondern daß eine gemeinsame Erkenntnis Motiv für ein

gemeinsames Handeln wird. Für Kinder, die sich nicht wehren können, heißt das schon, daß ein Lachen über unhaltbare Erziehungszustände Widerstand schafft. Die Welt als gemacht, *als Ort von Handlungen,* verständlich zu machen, dies haben wir uns vorgenommen. Wir treffen dabei auf Zuschauer, die unsere Arbeit brauchen. Wir stellen Gebrauchsartikel her.
Die Kinder beurteilen unsere Stücke nach ihrer Brauchbarkeit, nach ihrem Bezug zur Realität. *Wie alte Volksstücke sind unsere Stücke ein Informationsmedium.* So haben wir ideale Voraussetzungen für unsere Theaterarbeit: wir haben ein Publikum, das höchst interessiert ist an unseren Stücken, ja, das unsere Stücke sogar benötigt. Von welchem unserer Staatstheater, die mit großem Aufwand immer das gleiche Publikum bedienen, könnte man das sagen?
Von Theaterleuten wird uns manchmal noch das Journalistische unserer Arbeit, das Vulgäre, vorgehalten, eben, daß nicht Kunst ist, was wir machen, Peter und der Wolf ist da eindeutig besser und langweiliger. Diese Vorwürfe scheren uns nicht.
Andere Einwände sind massiver, die der *CDU, die uns vorwirft, was wir gerade wollen,* nämlich den Menschen als politisches Wesen zu begreifen. Natürlich ist das, was wir machen, gefährlich, weil mündige Bürger für eine Ordnung, die sich für die beste aller möglichen hält, immer gefährlich sind. Natürlich wollen wir verändern, wie anders könnten wir denn als pädagogisches Theater arbeiten!
Die Gefährlichkeit unseres Theaters ist schon richtig erkannt; es ist auffällig, wie viele Bühnen, die unsere Stücke zuerst regelmäßig nachspielten, später mit reichlich äußerlichen Gründen davon Abstand nahmen. Das GRIPS-Stück fordert Erzieher und Lehrer heraus, es bringt ihnen Probleme. In einer Zeit der Duckmäuserei sind wir unbequem, ärgerlich. Es ist kein Zufall, daß in den späten siebziger Jahren das »ästhetische, künstlerische« Kinderstück wiederentdeckt wird. Nicht mehr *»Doof bleibt doof«* – unser Schulstück – wird nachgespielt, sondern *Schule mit Clowns* – das Opern-Theater holt das moderne Kindertheater wieder ein.
Es trifft ja nicht zu, daß unsere Stücke primitiv sind, sie sind

vielmehr immer reicher, differenzierter und sinnlicher geworden –, gerade dies macht sie gefährlich für eine Kulturbourgeoisie. Man könnte ja neben politischen Erkenntnissen auch noch Spaß haben.
Das sind natürlich große Worte, edle Absichten. *Wie entstehen denn die Stücke praktisch, wer schreibt wie was?*
Wir sind oft als Autorentheater beschrieben worden, eigentlich zu Unrecht. Die Arbeit des Autors am GRIPS Theater unterscheidet sich insofern von herkömmlicher Autorenarbeit, als sie *mehr Diskussion, mehr Auftragsarbeit, mehr Offenheit* erfordert. Die Stücke entstehen im Gespräch, die *Recherche* ist die aller Beteiligten. So sind die Autoren im GRIPS Theater die am wenigsten geachteten Leute, weil die Schauspieler, gewohnt, mit fertigen Texten umzugehen, ständig das Gefühl haben, sie allein verhelfen den Ideen und Worten zur Wirksamkeit. Das gibt oft grausamen und lähmenden Streit.
Alle am Theater Arbeitenden haben zwar seit langem den Wunsch – er wird immer wieder feierlich bekräftigt – endlich mal ein »fertiges« Stück zu spielen, zu proben. Es war noch nie eines da. *Immer wieder wird neu geschrieben, weggeworfen. Personen verändern sich,* öfter haben Figuren erst Kontur gewonnen am Protest der Schauspieler, die sie darstellen sollen. (So z. B. viele der Schauspielerfiguren in meinen Stücken.)
Auch die Schauspieler machen während der Proben einen Lernvorgang durch. Die, die neu zu uns kommen, haben gewöhnlich große Schwierigkeiten, Kinder darzustellen. (Alle wollten sie den Hamlet spielen!) Als Autor hatte ich oft Schwierigkeiten, Situationen zu erklären, die ich als kindgemäß (ein fürchterlicher Begriff!) ansah, die aber von den Schauspielern nicht so verstanden wurden. Wie soll man einen Witz erklären, an den man glaubt? Ein Schauspieler, der auf der Bühne den Witz herstellen muß, verliert natürlich bald die Lust daran, wenn er den Witz für blödsinnig hält. Das Aha-Erlebnis der Schauspieler kommt eigentlich immer dann, wenn sie anfangen, *sich an die eigene Kindheit zu erinnern.*
Der Lernvorgang der Schauspieler wurde geradezu zum Thema in unserem Stück *Mensch Mädchen!* – einem Stück

über das Rollenverhalten von Jungen und Mädchen (oder umgekehrt). Die Geschichte erzählt von drei Mädchen, die eine Rakete bauen wollen aus dem Sperrmüll. Optimistisch und linientreu setzten wir den Ausgangspunkt so, daß alle Mädchen fähig sind, die gleichen Tätigkeiten auszuüben wie Jungen. Es ging um das Bohren, Sägen, Hämmern, das Arbeiten mit Holz. Die drei Darstellerinnen waren überzeugt, »genauso gut wie Jungen« zu sein, klar, aber als es ans Sägen ging, hatten alle drei schreckliche Schwierigkeiten. Sie hatten das noch nie gemacht und natürlich fragten sie sich, warum das so war. Plötzlich war das Thema des Stückes ihr eigenes geworden. (Nebenbei lernten sie so zu nageln, daß sie auf jedem Rummel Erfolg haben werden.)
Ist ein Stück geprobt, diskutiert, *dann laden wir Kinder ein, kleinere Klassen, und zeigen, was wir haben.* Meistens haben wir erst ein halbes Stück, wie überhaupt die »zweiten Teile« in fast allen Stücken erst während der Proben, oft unter großem Zeitdruck entstanden sind. In den Gesprächen mit den Kindern finden wir Zustimmung oder Ablehnung, es wird uns klar, was noch undeutlich ist, unverständlich. Nach derartigen Voraufführungen haben wir schon manchesmal ganze Szenen verändert, manches Lied rausgeschmissen.
Noch nach den Premieren werden Sätze umgestellt – in einigen Stücken haben wir nie einen befriedigenden Schluß gefunden.
Die Schauspieler haben ihre Bewährungsprobe genauso wie die Stücke vor allem in den Schulvorstellungen. Dort setzt der direkte Dialog ein, da merkt man auch drastisch, wenn eine Szene daneben geht. Hierbei gibt es immer wieder die Problematik, daß die programmatischen Sätze zwar gesagt werden, aber kaum gehört – wenn sie nämlich nicht *in ein Bild umgesetzt* und begreiflich gemacht sind. Daran arbeiten wir dann immer wieder und immer von vorn.

Jörg Friedrich
Der Kleinemenschen-Darsteller

Wodurch unterscheidet sich eigentlich eine Menschendarstellerin/ein Menschendarsteller beim GRIPS Theater von Schauspielern, die an anderen Bühnen, z. B. an Stadttheatern arbeiten? Oder welche Anforderungen stellt ein Theater wie GRIPS an sie?

a) Sie müssen sowohl groß und stark sein (damit sie auch größere Kulissen schleppen können) als auch klein und wendig (um ganz junge Menschen darstellen zu können).
b) Sie müssen sehr auf ihre Gesundheit achten, damit gerade für anreisende Schulklassen keine Vorstellung »wegen Krankheit« ausfallen muß. Dabei müssen sie aber sehr sparsam und genügsam sein, da sonst die Gage nicht ausreicht.
c) Sie müssen gelassen sein, da sie oft von »Personen des öffentlichen Lebens« angegriffen werden. Dabei müssen sie aber sehr empfindsam bleiben, um sich nicht nur in Rollen, sondern auch in Diskussionen und Vollversammlungen einfühlen zu können.
d) Sie müssen sowohl ziemlich laut sprechen können (da sie oft in großen Räumen oder im Freien spielen und Mikrophone meistens defekt sind) als auch über eine feine und leise Stimme verfügen (damit ganz kleine Zuschauer nicht vor Schreck erstarren).
e) Sie dürfen nicht ganz dumm sein, da ihre Arbeit auch theoretisches Wissen verlangt. Dabei müssen sie sich aber auch ihre Ursprünglichkeit und Naivität erhalten, um so recht komödiantisch wirken zu können.

Am Anfang des GRIPS stand das Kabarett: mit all seinen Stilisierungen und Verknappungen, nicht zuletzt mit seiner plakativen Sprache. All das sind sehr brauchbare Mittel, um emanzipatorisches Theater zu machen.

Da es nur ein kleiner Kreis war, der hier Kindertheater machte, war auch eine genaue Kenntnis der handwerklichen Möglichkeiten des einzelnen vorhanden.
Autor: »Du hast vom nächsten Stück gehört?« Darsteller: »Ja.« Autor: »Deine Rolle wird irrsinnig komisch.« Darsteller: »Wieso?« Autor: »Schreib' ich dir!« Diese Leichtigkeit, teilweise auch Leichtfertigkeit hielt sich nicht lange, und als die Stücke genauer und analytischer wurden, wurde auch die Spielweise genauer und kritischer betrachtet.
Aber es wurde geschrieben, die Darsteller redeten, es wurde umgeschrieben, probiert, verändert, mundgerecht gemacht, manchmal alles zusammen und sehr ungeordnet – und doch hatte diese Arbeitsweise als Nebenprodukt einen nicht unbeträchtlichen Einfluß auf das Selbstverständnis des Darstellers. Dadurch, daß der Rollentext für seine Person geschrieben wurde oder er ihn teilweise selbst schrieb oder sich mundgerecht machte, verlor das geschriebene Wort für den Darsteller etwas von seiner Heiligkeit und Unantastbarkeit und wurde veränderbar und benutzbar. Dieser Prozeß verlief nicht immer ganz im Sinne des Autors, aber auch nicht immer zum Schaden des Stückes.
Die Schauspieler an einem Normaltheater spielen ihre gewissen »Fächer«, dafür sind sie engagiert, diese Schubladen bedienen sie und haben sie zu bedienen.
Sie wissen meistens im voraus, wie der Spielplan aussieht, welche Neben- und Hauptrollen sie spielen werden.
Die Stücke sind fertiggeschreiben, viele sogar schon über Jahrhunderte hinweg ausprobiert und ausgedeutet worden. Ein Regisseur ist da (mehr oder weniger autoritär), oft auch mit einer fertigen Konzeption, es wird probiert, alles ist übersichtlich, jeder probiert für sich allein (ist ganz mit sich selbst beschäftigt), aus Zeit- oder anderen Gründen, jeder ist Spezialist auf seinem Gebiet, nur wenige haben den Überblick, die Gage wird gezahlt. Es gibt eine Premiere! Ruhig gespanntes bis gelangweiltes Abonnentenpublikum. Die Presse. Wie ist die Inszenierung? Wie wird gespielt? Hoffentlich bin ich gut!
Das GRIPS Theater hat bisher immer eigene Stücke gespielt, d. h., es waren immer Uraufführungen. Daraus resultiert allerdings eine andere Haltung der Öffentlichkeit

zum Theater und des Theaters zur Öffentlichkeit. Steht sonst die Machart der Inszenierung und das Spiel der Schauspieler an erster Stelle, also: Wie ist die Inszenierung? Wie wird gespielt?, steht bei GRIPS-Premieren die Frage im Vordergrund: Wie ist das neue Stück? Damit verbindet sich nicht ein Desinteresse an Inszenierungsfragen und Spielweisen, sondern es ist nur die Reihenfolge verschoben. An erster Stelle steht das Stück; die Inszenierung ist nur ein Mittel, die Inhalte bildhafter zu machen.

Die Schauspieler, die zum GRIPS Theater kommen, werden ihre Fachschablonen wie ›Jugendliche Naive‹, ›Salondame‹, ›Naturbursche‹, ›schwerer Held‹ und andere Schablonen vergessen müssen, denn diese Personen treten hier nicht auf.

Viel häufiger sind Rollenbeschreibungen wie: Mädchen, 13 Jahre alt, Hauptschülerin, oder Fernfahrer, 36 Jahre alt, autoritär.

Vieles, was am Stadttheater als wichtig erachtet wird, ist am Kinder- und Jugendtheater völlig unbrauchbar. Hohles Pathos, auch der so beliebte Begriff des »Bogensprechens« müssen zurücktreten zugunsten einer lauten, offenen und direkten Sprache. Denn das Publikum besteht hier nicht aus theatererfahrenen Bildungsbürgern, sondern aus jungen Zuschauern, die das Medium Theater zum erstenmal erfahren und sich beim ersten falschen Ton unbehaglich fühlen und dann ihr Unbehagen auch deutlich äußern.

Es ist sehr anstrengend, vor kleinen Menschen und für sie zu spielen. Vor einer Erwachsenenvorstellung herrscht im Zuschauerraum ein gesammeltes Interesse. Oder auch Langeweile. Aber Ruhe. Man ist eingestimmt, hat Erfahrung, weiß, wie man sich in einer Kultstätte zu benehmen hat. Gegessen wurde bereits vorher, nur durchgehendes unterdrückes Husten und Räuspern verrät die Anwesenheit.

Wenn allerdings 400 ausgeschlafene, gespannte Kinder morgens um 10 Uhr das Theater betreten, wird es laut. Im konventionellen Theater mit Guckkastenbühne, Vorhang und Märchenstück wird sich allerdings auch dann bald der dumpfe Schleier der »Kunst« über die Zuschauer senken, Ruhe und Ordnung einkehren.

Beim Kindertheater mit realistischen Problemstücken hingegen fängt sofort der Kampf an. Die Stücke sind laut. Auf der Bühne werden ja auch Kinder dargestellt. Das Publikum nimmt Anteil am Spielgeschehen. Es wird Partei ergriffen, man identifiziert sich mit einzelnen Rollen, und die Menschendarsteller brauchen oft ihre ganze Kraft und Konzentration (morgens um 10 Uhr), um die Vorstellung zu Ende zu spielen.

Wenn man emanzipatorisches Theater machen will, also Theater, das auf jeden Fall verstanden wird, das oft als Zielgruppe auch Minderheiten hat, dann sind für den Darsteller diese Stücke nicht nur Arbeitsvorlagen für Darbietungen, sondern – er hat ja die Inhalte selber mit entwickelt – auch seine ganz persönliche Sache. Man steht gemeinsam hinter dem Stück. Das verbindet. Wenigstens auf der Bühne.

Es ist ganz klar, daß diese Prozesse nicht beliebig schnell an anderen Theatern, die jetzt GRIPS-Stücke nachspielen, während der normalen Probenzeit nachzuholen sind. Das Selbstverständnis der Schauspieler ist ein anderes. Sie sind in erster Linie Schauspieler, die alles spielen, was auf dem Spielplan steht, also Stücke unterschiedlichster Ästhetik und Tendenz, und das Ziel ist eben, Unterhaltung in Sachen Kultur zu bieten und kein Lern- und Lehrtheater zu machen. Die Arbeit mit verschiedenen Theaterformen, auch das Spielen von Klassikern bringt viele Vorteile, die sicher der Breite handwerklicher Möglichkeiten zugute kommen. Und hier liegt auch eine Gefahr für die Darsteller bei GRIPS. Die Miterarbeitung des Textes, das Sich-mundgerecht-machen, kann dazu führen, daß die Reibung, die Spannung zwischen der spezifischen Sprache des Autors und der eigenen Diktion des Darstellers und damit auch der damit verbundene Lernprozeß entfällt.

Aber da das GRIPS Theater auf der Basis der entwickelten Stücke ein flexibles Theater ist, werden solche Gefahren eher erkannt, sind Veränderungen und Verbesserungen leichter möglich als an anderen Bühnen. Ich will die Arbeit der Kindertheaterschauspieler gar nicht glorifizieren, aber da ihr Status in der Theaterlandschaft im Vergleich zu vielen unverständlichen »Kunstprodukten« des Erwachsenen-

theaters immer noch sehr abgewertet ist, kann man diese Sisyphusarbeit gar nicht hoch genug einschätzen.
Das GRIPS Theater hatte einmal ein Gastspiel im Theater von Herten mit dem Stück *Mannomann!*. Das Haus war vollbesetzt, mit sieben- bis neunjährigen Menschen. Nach zwanzig Minuten Spielzeit fiel die Beleuchtung aus. Die Vorstellung wurde unterbrochen. Es stellte sich heraus, daß die elektrische Versorgung des ganzen Stadtteils unterbrochen war. Wann der Schaden behoben sein würde, war nicht abzusehen. Weil der Zuschauerraum durch die Notbeleuchtung nur geringfügig erhellt war, bekam der Veranstalter Angst, unter den Kindern könne Unruhe oder sogar Panik ausbrechen. Wir tasteten uns auf die Bühne, erklärten den Kindern, warum es kein Licht gab und begannen, zur Gitarre alle Lieder des GRIPS-Repertoires zu singen. Das Ensemble versuchte, den Zuschauern die Lieder zu erklären, vorzusingen und sie dann zum Mitsingen zu animieren. Nach einer halben Stunde war unser Repertoire zu Ende und wir begannen Witze zu erzählen; doch die kamen nicht so recht an.
Eine Taschenlampe und eine größere Stablampe waren unsere einzigen Lichtquellen, und der Darsteller, der gerade Text hatte, wurde von den Mitspielern angestrahlt.
Als dann zehn Minuten vor Schluß des Stückes das Licht wieder anging, wurde das kaum beachtet – weder vom Publikum noch von den Spielern. Es war bestimmt keine Vorstellung von besonderem ästhetischen Wert – aber eine sehr spannende.

Reiner Lücker
Wie wir »Mannomann!« inszenierten

Mit *Mannomann* sind wir einen in *Trummi kaputt* begonnenen Weg noch ein Stück weiter gegangen. Wird in *Trummi* erstmals versucht, bei den Kindern Verständnis für die Zwänge der Erwachsenen zu wecken, so spielt sich *Mannomann* fast nur noch in der Erwachsenenwelt ab. Denn die schon von Kindern bewußtlos übernommene Rollenanpassung und -bewertung hat in der Welt der Erwachsenen ihre deutlichsten und folgenreichsten Auswirkungen.
Zwar sind es wieder die Kinder, die etwas in Bewegung bringen durch den Einsatz naiver Fragen und ursprüngliche Vernunft, aber das Problem, das wir den Kindern nahebringen wollten, spielt sich auf der Szene primär zwischen den Erwachsenen ab. Das hatte eine lange Exposition zu Folge.
Anders als sonst gehen wir in *Mannomann* nicht von einer Ausnahmesituation oder von einer Situation, die als solche erscheint, aus, sondern von Zuständen, die sich die Kinder als normal zu empfinden längst angewöhnt haben.
Wir mußten also für die Kinder ›Normales‹ von allen Seiten so beleuchten, daß sie es erst einmal als problematisch zu erkennen begannen, bevor wir die Gründe aufzeigen und Folgerungen wie Lösungsmöglichkeiten durchspielen konnten.
Im Grunde ist der ganze erste Teil nur die Darstellung und Einführung in das Problem, und die Angst, damit die Kinder zu langweilen, machte sich während der Proben sehr oft bemerkbar.
Bei der Realisation der ersten Szenen ging es neben der Skizzierung der sozialen Situation vor allem darum, das Verhalten der einzelnen Rollenträger deutlich herauszuarbeiten und durchschaubar zu machen. Da war zuerst die Situation der alleinstehenden Mutter, die gegen den Druck

der gesellschaftlichen Umwelt (Hausverwalter, Nachbarin, Vertreter) zu bestehen hatte und der das gelang, ohne daß sie diesen Druck an die Kinder weitergibt. Es gab eine langwährende Diskussion, wie emanzipiert eine Mutter darzustellen sei, der es gelingt, allein durch Fabrikarbeit ihre Kinder zu ernähren und gleichzeitig nicht die erlittene Frustration als Aggression an die Schwächeren (die Kinder) weiterzuleiten.

Wir einigten uns darauf, die Mutter nicht als ›emanzipiert‹ zu begreifen, da sonst ihr Versuch, ihre Situation schließlich mit Hilfe eines neuen Mannes zu verbessern, unverständlich gewesen wäre. Renate Küster spielte eine Frau, die die äußeren Umstände zwangen, ihren ›Mann‹ zu stehen, in deren Haushalt sich keiner bedienen ließ und jeder zuzupacken hatte, ohne daß die anstehenden Arbeiten als ›männlich‹ oder ›weiblich‹ klassifiziert wurden.

Wir gingen davon aus, daß Klaus und Trixi sich untereinander nicht rollenimmanent verhielten, obwohl sie natürlich aus dem Umgang mit anderen Kindern wußten, was ›Männersache‹, was ›Frauensache‹ ist. Bei dem Hinzukommen der angepaßten Annemarie, die ihr weibliches Rollenangebot an Klaus und Trixi herantrug, sollte Klaus ursprünglich darauf eingehen und Trixi damit aufziehen. Dadurch kam aber die zu zeigende Harmonie des Geschwisterpaars zu kurz, da in den vorliegenden Situationen auch die Flachserei zu stark als permanenter Streit wirkte. Also mußten wir dazu übergehen, etwa in der ersten Szene, den vorliegenden Text so zu spielen, daß sich Trixi und Klaus gemeinsam über Annemaries Rollenvorstellungen lustig machten.

In der zweiten Szene hatten wir ebenfalls eine Klippe zu umschiffen, die zum Teil Textänderungen nach sich zog. Hatten wir ursprünglich Trixi als die aktivere zeigen und Klaus verschlafen zur morgendlichen Hausarbeit antreten lassen wollen, so wurde bald die Gefahr sichtbar, daß der Eindruck entstehen konnte, als ob der einzige Mann in der Familie nur mit Nachdruck zur Mitarbeit angehalten werden könne. Also mußten wir das ändern, da gerade der gegenteilige Eindruck, nämlich die rollenfreie Arbeitsteilung in der Teilfamilie durch diese Szene transportiert werden sollte.

Eines der Hauptprobleme während der Probenarbeit bestand in der Einführung der Figur des Rudi, des späteren Vaters. Es ging darum, Spielformen zu finden, die eine verschärfte Auseinandersetzung zwischen dem Vater und der Restfamilie erlaubte, ohne daß er für die Zuschauer zu einem Ausnahmefall wurde. Der zuerst etwas linkische Neuling mit sympathischen Zügen durfte auch als ›Familientyrann‹ nichts anderes sein als ein Mann, der erst als Haushaltsvorstand zum ›Mann‹ wird.

Wir nahmen also alle bis zum Slapstick reichenden Möglichkeiten wahr, diesen ›männlichen‹ Vater gerade in seinen bedrohlichsten und repressivsten Szenen immer wieder durch Situationskomik zu relativieren. Konnten wir doch kein Interesse daran haben, die Kinder mit vor Angst schwitzenden Händen in die Pause zu entlassen.

Schon bei seinem ersten Auftritt ließen wir den geschenkebepackten Rudi, seine künftige Frau anhimmelnd, die Stufen zur Souterrainwohnung hinabstürzen und äußerst ›unmännlich‹ auf dem Hintern landen, um zu verhindern, daß die Zuschauerkinder sein Imponiergehabe furchtsam für allzu bare Münze nahmen. Im übrigen ist es Jörg Friedrichs Ausdrucksreichtum zu verdanken, daß es ihm gelang, den Vater immer wieder zu ironisieren, ohne seinem Verhalten etwas von der konzipierten Unerträglichkeit zu nehmen. Denn war es im ersten Teil das Problem, daß der Vater zu ausnahmslos böse werden konnte, so bestand die Gefahr im zweiten Teil, wenn die Abhängigkeit des Vaters am Arbeitsplatz gezeigt wird, daß er feige und trottlig wirkte. Beides hätte die beabsichtige Wirkung zerstört.

Mit dem Auftritt des künftigen Vaters sollte erstmals indirekt die Arbeitswelt eingeführt werden. Als der Mann ins Haus kommt, der von Beginn an mit dem Mädchen nichts Rechtes anzufangen weiß, beginnt Trixi, ihn und die Mutter nach der unterschiedlichen Bewertung von Frauen- und Männerarbeit zu befragen. Uns war es wichtig, herauszuarbeiten, daß Trixi angesichts der Arbeitswelt etwas begriffen hatte. Hierfür war das Spiel unter Kindern vorgesehen. Ebenso wie in der ersten Szene Annemaries Vorstellungen gegen den Widerstand der Geschwister in dem Vater-Mutter-Kind-Spiel ausgedrückt wurden, sollte Trixis neue Erkenntnis in dem Gabelstaplerspiel verdeutlich werden.

Hatten wir Trixi zuerst als kämpferische Rebellin begriffen, die mit dem Rücken zur Wand ihre Rechte zu verteidigen versuchte, so sahen wir uns bald zum Umdenken genötigt. Nicht zuletzt dadurch, daß I Sa Lo nach Sabines Unfall die Rolle der Annemarie übernahm. Annemarie, mit ihren regressiven Vorstellungen von Isa gespielt, deren persönliche Ausstrahlung unvermeidlich Sympathie bei den Kindern weckt, bekam im Gegensatz zu einer allzeit kämpferischen Trixi einen falschen Stellenwert. Denn im Laufe eines ganzen Stückes verliert eine Trixi, die sich immer nur aufregt, gerade im Gegensatz zu einer *solchen* Annemarie leicht an Sympathien. Also faßten wir die Trixi dahingehend neu, daß wir sie weniger hektisch kämpfend darstellten, als daß sie vielmehr in ruhiger Selbstverständlichkeit ihre Interessen wahrte.

Als Schwierigkeit in der Darstellung erwies sich noch die Wandlung des Vaters. Wir waren heilfroh, daß wir auf den Einfall gekommen waren, seine schon lange konzipierte Änderung anfangs ironisch stattfinden zu lassen, aber der Übergang von diesem Verhalten zu einer wirklichen Änderung bedurfte doch einiger Kleinarbeit und textlicher Eingriffe.

Wir hatten schon beim Schreiben die Vorstellung, daß die ›Unterdrückerfiguren‹ (Hausverwalter Mückenmacher, Frau Schnüffel, Vertreter und Vorarbeiter Krause) von *einem* Schauspieler, nämlich Dietrich Lehmann, gespielt werden sollten; die Richtigkeit dieses Konzepts erwies sich abermals bei den Proben. Dietrich Lehmann verstand es, die Figuren deutlich voneinander abzusetzen und dennoch ihre Gemeinsamkeit herauszuarbeiten im Sinne unserer Absicht. Alle sollten ›Rollenfiguren‹ sein, Handlanger des Kapitals, die gegenüber Dritten die Interessen anderer vertreten.

Den Hausverwalter erarbeiteten wir als Eintreiber fremden Profits, dessen Identität sich in der Lust an der Macht über Schwächere verwirklicht, Frau Schnüffel gerann zu einer lebenslang unterdrückten alten Frau, deren einzige Möglichkeit, ihr Leben nicht nachträglich in Frage stellen zu

müssen,darin bestand, als freiwillige Agentin der herrschenden Vorurteile sich in nichtkonforme Verhältisse einzumischen.
Der Vertreter, dessen aggressiver Verkaufsstil deutlich die Existenzangst in seinem Nacken verspüren ließ, und der Lagermeister Krause, ein Sklavenantreiber mit Radfahrermoral, all diese Figuren trugen wesentlich dazu bei, da *eine* Erkenntnis sich bei den Kindern am durchgängigsten und stärksten vermittelte: in unserer Gesellschaft gilt das Herrschaftsgesetz des Urwalds, die rücksichtslose Macht des jeweils Stärkeren über den Schwächeren.
Die erste Fassung der Schlußszene, vorgelegt vier Tage vor der Premiere, ließ den Vater sich redlich um Kooperation im Haushalt bemühen und die Mutter darob in den siebten Himmel entschweben. Nur dem – trotz aufkommender Premierenangst – entschlossenen Widerstand des Ensembles und der Initiative Jörg Friedrichs und Dietrich Lehmanns ist es zu verdanken, daß wir an einem Nachmittag doch noch die jetzt vorliegende Fassung neu konzipierten. Die wesentlichen Vorschläge dazu: die Verwirrung des Hausverwalters angesichts des beschürzten Vaters und die Demonstration des rollenfreien Verhaltens der Familie brachten Jörg und Dietrich ein.

Zum Darstellungsstil

Weil wir keine andere Möglichkeit sahen, die von uns gewählte Thematik anders als am Beispiel einer Kleinfamilie darzustellen, was einige Szenen in die bedrohliche Nähe eines schlechten Gerhart-Hauptmann-Naturalismus zu rücken schien, gab es auf den Proben einige grundsätzliche Diskussionen über die Darstellungsweise.
Denn stärker als frühere Stücke, in denen der dramaturgische Aufbau mehr von Situationen bestimmt wurde, hängt ›Mannomann‹ von der genauen Zeichnung des Verhaltens einzelner Figuren und ihren Veränderungen ab. Dadurch ergibt sich leicht die Versuchung, in die Bereiche der ›Menschendarstellung‹ vorzustoßen. Da es uns aber um das Zeigen exemplarischen Verhaltens ging, war es wichtig,

eine verfremdende Demonstrierhaltung zu erarbeiten. ›Mannomann‹ hätte sonst in den Psychorealismus abrutschen können – die umfangreichen Familienszenen haben wir in der beständigen Sorge geprobt, ihm zu entgehen.
Eine weitere Diskussion entzündete sich an der Darstellung von Kindern. Gewöhnt an die winzige Bühne des ›Reichskabaretts‹, entstand gerade bei den Kinderdarstellern die Lust, auf der nunmehr geräumigeren Bühne körperlicher und raumgreifender zu spielen. Jutta äußerte ihren Verdruß über das aus ihrer jetzigen Sicht ›ewige Stehtheater‹ der vorigen Produktion.
Da der berechtigte Wunsch nach körperlichem Spiel aber nicht dazu führen sollte, daß die Kinderdarsteller nun ständig herumtobten, präzisierten wir in einer Diskussion die wichtigsten Elemente der Kinderdarstellung. Wir einigten uns darauf, daß jede Kinderrolle einige typische Haltungen als Grundmuster haben sollte. Das Wesentlichste schien uns zu sein, die sprunghaften Brüche, die Kindern eigen sind, nachzuvollziehen. Der übergangslose Wechsel von lustig zu traurig, von gelangweilt zu aktiv, von abwartend zu begeistert, schien uns Kinder am deutlichsten zu kennzeichnen und sicher von den Schauspielern umsetzbar zu sein.

Wolfgang Kolneder
Wie wir »Das hältste ja im Kopf nicht aus« inszenierten

Das Bühnenbild

In dem Stück kommen folgende Schauplätze vor: Kinderzimmer bei Kowalewskis, Klassenzimmer, Schulhof, Jugendfreizeitheim, Wohnzimmer bei Kowalewskis, Kaufhaus, Büro bei Lenz & Co. Wir verwarfen frühzeitig sämtliche Ideen, diese Räume auf der Bühne nachzubauen und Türen, Betten, Sofas, Sitzecken, Schulbänke, Schreibtische, Theken, Häuserwände, Matratzenlager usw. auf die Bühne zu bringen. Wir wollten vielmehr mit Materialien arbeiten, die die Jugendlichen theoretisch selbst in einem Jugendfreizeitheim vorfinden, wenn sie dort Theater spielen wollten. Deshalb stellten wir die Schauplätze durch sechs Podeste, drei Tische, sechs Stühle, ein Brett und vier lange Latten dar. Und trotzdem hat bisher keinem Zuschauer etwas am Bühnenbild »gefehlt«. Wie kommt das? Eine Grundregel dieser Aufführung ist die Genauigkeit in Einzelheiten, im Typischen (Schmuckkissen auf dem Sofa, Wachstischdecke, Pausenbrot, Bouletten bei der Fete, Schultaschen mit Abziehbildern, »Mitbringsel« von Vater Kowalewski, Girlanden im Freizeitheim . . .), das heißt, die Konzentration auf das Wesentliche — im Gegensatz zu einer filmischen Nachahmung der Wirklichkeit.

Die Musik

Wir wollten zum erstenmal die Altersgruppe der 13- bis 17jährigen ansprechen, deshalb stellte sich sehr früh die Frage, ob die bis dahin geübte Praxis der Stück-Lieder, die von einem Gitarristen am Rande der Szene begleitet wurden, für ein Publikum ausreicht, dessen Hörgewohnheiten von Schlager- und Popmusik geprägt sind. Desalb stellten wir die Gruppe »Alarm« zusammen: zwei Gitarren, Baß, Klavier und Schlagzeug. Eine solche Gruppe braucht mindestens 15 Quadratmeter Platz für die Instrumente, Verstärker, Mischpult usw. Wohin mit der Band? Wir verwarfen alle Möglichkeiten, die Musiker einzeln an den Rand der Spielfläche zu verteilen, oder Teile des Zuschauerraums abzubauen, und entschieden uns, die Band ganz offen auf die Bühne zu stellen, allerdings auf ein ein Meter hohes Podest, um sie optisch ganz klar von der Spielfläche zu trennen. Auf das Argument, die Zuschauer würden durch die Musik abgelenkt, antworteten wir: wenn Zuschauer durch ruhig sitzende Musiker vom Spiel abgelenkt werden, dann taugt die Aufführung sowieso nichts.

Die Arbeit der Schauspieler

Da die Personen des Stücks nicht »erfunden«, sondern ausgewählt typische Schüler, Eltern, Erzieher usw. sind, war es sowohl für die Autoren wie für die Darsteller selbstverständlich, ihre Vorbilder kennenzulernen und zu studieren: Sprache, Bewegungen, Gewohnheiten, Kleidung . . . Auf Schulhöfen, in Heimen und Diskotheken beobachteten wir, welche Jacken, Schuhe, Kleider diese Leute tragen; sammelten wir Redewendungen, Sprüche, Kalauer, belauschten Unterhaltungen, Streitigkeiten, Flirts. Wir studierten Gänge und Haltungen (z. B. übte Dietrich Lehmann tagelang den schlurfenden Schritt in Heimleitersandalen, Heinz Hönig (Schnulli) und Peter Seum (Charlie) zogen tagelang, auch privat, die hochhackigen Stiefel und die Rocker-Jacken nicht aus . . .).
Die Schauspieler sind zwischen acht und 18 Jahre älter als die von ihnen dargestellten Schüler. Wir hatten lange Zeit Bedenken, daß dies ein jugendliches Publikum stören könnte. Aber die Genauigkeit in den Einzelheiten (Sprache, Kostüme, Haltungen) führte zu dem erstaunlichen Ergebnis: Die Jugendlichen hielten die Darsteller in der Regel für gleichaltrig und fragten oft in der Pause, ob es sich bei den Darstellern um »echte« Hauptschüler handle.

Besonderen Wert legten wir bei den Proben darauf, die Personen nicht zu »denunzieren«. Wir fingen mit sehr ausführlichen Rollenbesprechungen an, überlegten uns bei allen Personen, welche Biographie sie haben, was sie so gemacht hat, wie sie sind, ob sie damit zufrieden sind, wie sie sind, und was aus ihnen werden könnte. Daß Thomas Kowalewski wie ein Traumtänzer durchs Leben geht, voller Rosinen im Kopf, sollte einerseits als illusionäre Haltung kritisiert, aber auch sympathisch dargestellt werden. Doris Bieber, die sich am Anfang des Stücks ihre Traumsurrogate aus illustrierten Zeitschriften holt, sollte eben nicht als dümmlich abgestempelt werden, sondern wir wollten zeigen, daß vielen Mädchen nicht viel anderes übrig bleibt, daß sie sehr wohl, wenn es drauf ankommt, zu solidarischem Handeln fähig sein können. An Schnulli war sowohl die einzelkämpferische Attitüde zu kritisieren, aber auch die Kraft hervorzuheben, die ihn in die Lage versetzt, gegen eine unmenschliche Umwelt zu revoltieren. An Charlie war einerseits zu zeigen, wie ein Schwächling, dem in seinem ganzen Leben Liebe und Zuneigung gefehlt hat, einem Leithammel folgt, in dessen Glanz er sich sonnen zu können glaubt, andererseits wird gerade er durch seinen »Dummen-Jungen-Streich« beim Auspreisen der Kaufhausware zum Motor für eine Entwicklung, die den zerstrittenen Haufen gegen Ende des Stückes zu einer gemeinsam handelnden Gruppe macht. Und die auf den ersten Blick farblos-vernünftige, verstehend-resignierende Sabine sollte den ganzen Reichtum an Empfindungen, die Hellsichtigkeit und »Jetzt-erst-recht«-Haltung einer 15jährigen Hauptschülerin widerspiegeln, deren Zukunft als berufsloses Hausmütterchen vorgezeichnet scheint.
Ähnlich verfuhren wir mit den anderen Personen: die Lehrerin Schmidt, die merken muß, daß sie mit ihren Theorien, so richtig sie auch sein mögen, nicht an die Jugendlichen rankommt, solange es ihr nicht gelingt, das Vertrauen der Jugendlichen durch ihre Praxis zu gewinnen. Der Heimleiter Wolf, der schon zu weit von den Jugendlichen entfernt ist, als daß er ihre Probleme wirklich verstehen, d. h., nachempfinden könnte, der aber trotzdem nicht nachgibt, das Heim schmückt, Stühle repariert, und für die

Einrichtung eines Fotozirkels kämpft. Die Sozialhelferin Hella, die für sich selbst eine Antwort auf die Probleme des Lebens gefunden hat, indem sie auf Konsum verzichtet und sich auf ihre Gefühle verläßt und meint, dieser Weg sei dennoch der alleinseligmachende und nicht verstehen kann, warum sie damit bei den Jugendlichen nicht ankommt. Der hilflose Berufsberater, der auch nichts dafür kann, daß es keine Lehrstellen gibt und so zwischen Resignation und Zynismus schwankt. Der Lkw-Fahrer Kalle Kowalewski, der doch alles für seine Familie tut, aber nicht mitgekriegt hat, daß seine Kinder größer geworden sind und die Zeiten sich verändert haben. Elsa Kowalewski, die halbtags arbeitet, sich abrackert, putzt, kocht, dafür sorgt, daß wenigstens der Anschein von Familienleben gewahrt bleibt, aber, von Kalle mit der Erziehung der Kinder alleingelassen, nur bei Klaus-Dieter den Wunsch nach einem gesicherten Lebensabend durchsetzen kann.

Bei all diesen Figuren gaben wir uns Mühe, ihre Schwächen und Stärken, ihre Siege und Niederlagen gleichermaßen zu zeigen. Selbst die Verkäuferin und der Vorgesetzte bei Lenz & Co. wurden nicht als individuelle Scheusale vorgeführt, sondern als die notwendigen Rädchen, durch die ein System eben nur so funktionieren kann wie es leider funktioniert. Eine Ausnahme bildet dabei nur der Rektor Gabler, der Repräsentant all dessen, worunter sowohl die Schüler wie die fortschrittlichen Lehrer zu leiden haben.

Wir haben während der Proben natürlich auch inhaltliche Auseinandersetzungen gehabt. So z. B. bei der Frage, ob die Lehrerin in der Szene, in der sie dem Rektor Rede und Antwort stehen muß, weil Schüler ihrer Klasse die Fenster im Rektorzimmer eingeschlagen und einen Spruch an die Wand gesprüht haben: Ein Teil des Ensembles bestand darauf, daß sie vor dem Rektor die perspektivlose Haltung des Fenstereinschmeißens kritisieren sollte, während der andere Teil meinte, daß sie dem unbedingten Gegner gegenüber auch einen taktischen Fehler nicht zugeben sollte. Die zweite Haltung hat sich dann nach drei Tage langen Diskussionen durchgesetzt.

Wir haben versucht, ein realistisches Stück realistisch, d. h., parteilich zu inszenieren und haben uns dabei, obwohl während der Proben nie darüber geredet wurde, an das gehalten, was Brecht über den Unterschied von Naturalismus und Realismus in seinem Arbeitsjournal geschrieben hat:

Naturalismus	Realismus
Die Gesellschaft betrachtet als ein Stück Natur	Die Gesellschaft geschichtlich betrachtet
Ausschnitte aus der Gesellschaft (Familie, Schule, militärische Einheit usw.) sind ›kleine Welten‹ für sich	Die ›kleinen Welten‹ sind Frontabschnitte der großen Kämpfe
Das Milieu	Das System
Reaktion der Individuen	Gesellschaftliche Kausalität
Atmosphäre	Soziale Spannungen
Mitgefühl	Kritik
Die Vorgänge sollen ›für sich selbst sprechen‹	Es wird ihnen zur Verständlichkeit verholfen
Das Detail als ›Zug‹	gesetzt gegen das Gesamte
Sozialer Fortschritt empfohlen	gelehrt
Kopien	Stilisierungen
Der Zuschauer als Mitmensch	Der Mitmensch als Zuschauer
Das Publikum als Einheit angesprochen	Die Einheit wird gesprengt
Diskretion	Indiskretion
Mensch und Welt, vom Standpunkt des Einzelnen	der Vielen

Dietrich Lehmann
Rollenspiel im Kindertheater (am Beispiel von »Trummi kaputt«)

Trummi kaputt. Das 1971 entstandene Stück ist ein Versuch, Experimente mit dem Rollenspiel in ein Theater für Kinder zu integrieren. Etwa seit 1968 gibt es, vornehmlich in der linken Pädagogik, Versuche mit dem Rollenspiel. Beim GRIPS Theater begann es schon mit den Stücken *Maximilian Pfeiferling, Mugnog Kinder* und *Balle, Malle, Hupe und Artur;* in *Trummi kaputt* aber wurde es zum entscheidenden Bestandteil in der Dramaturgie des Stückes.

Kurz vor Probenbeginn zur Neuinszenierung 1975 hatten wir auf einem Kindertheaterkongreß in Amsterdam die Gelegenheit, Versuche holländischer Pädagogikstudenten mit dem Rollenspiel zu beobachten. Uns wurde klar, daß durch diese Form von Mitspieltheater die Kinder angeregt werden, ihre Umwelt zu erkennen, sich mit ihr zu beschäftigen und verändernd in sie einzugreifen. Entscheidend war dabei das Prinzip des »teach-in«. Das heißt: vor jedem Schritt, den die Kinder unternehmen wollten, hielten sie so etwas wie eine gemeinsame Besprechung ab: es wurde beredet, was man will und wie man es durchsetzen kann; und nach einer »Abstimmung« schritt man zur Tat.

Dieses Prinzip ist in dem Stück *Trummi kaputt* inhaltlich und die Handlung vorantreibend verarbeitet und durch die Neuinszenierung (1975) noch verstärkt worden. Ohne auf jedes dieser »teach-ins« einzugehen, sei auf die wichtigsten hingewiesen. Im dritten Bild versammeln sich die drei Arbeiterkinder und versuchen herauszukriegen, warum ihre Eltern »so sind, so meckrig und so . . .«. Sie versuchen, verschiedene Erklärungen zu finden, verwerfen sie aber wieder und einigen sich schließlich auf Vivis Vorschlag: »Wir fragen sie einfach mal.«

Ermutigt durch diesen gemeinsamen Beschluß folgt im 3. Bild Heinis Versuch, von seiner Mutter zu erfahren, warum

sie immer so brüllt und so nervös ist. Im 4. Bild kommen Heini, Vivi und Elke nach der Schule wieder zu einem Gespräch zusammen. Die Ergebnisse der Elternbefragungen sollen ausgetauscht werden. Für Elke ist die rein verbale Beschreibung ihrer Methode, wie sie etwas und was sie rausgekriegt hat, zu kompliziert. »Ich spiel euch das mal vor«, sagt sie. Die beiden anderen gehen auf ihr Spiel ein, übernehmen die Rolle des Vaters und der Mutter und können dabei ihre eigenen Ergebnisse der Befragung in das Rollenspiel integrieren. So kommen sie schließlich durch das Spiel zu der gemeinsamen Erkenntnis: »Vom vielen Arbeiten werden unsere Eltern eben krank.«
Von dem Prinzip des »teach-in« durchsetzt ist aber vor allem der zweite Teil des Stückes.

Nachdem Frau Murk entlassen worden ist, versuchen die Kinder herauszukriegen, wie sie Heinis Mutter helfen können, ihren alten Arbeitsplatz wiederzubekommen. Im ersten Gespräch darüber werden die verschiedensten Vorschläge gemacht. Der Verlauf des Stücks ist nun fast ausschließlich von den Bemühungen der Kinder geprägt, verschiedene Methoden zur Durchsetzung dieser Forderung zu probieren und durchzuspielen.
Eine Mehrheit (hier: Elke und Vivi) setzt sich gegen eine Minderheit (hier: Heini) durch, als erstes den Versuch zu machen, durch Reden (hier: mit Herrn Trumm) das Ziel zu erreichen. Das Ergebnis dieser Auseinandersetzung ist die Feststellung Heinis: »Ich hab' doch gesagt, daß man mit dem nicht reden kann.« Eine andere Mehrheit (jetzt: Heini und Vivi) setzt sich gegen Elke durch, mit Gewalt (»blutige Rache«) etwas zu erreichen. Nachdem auch das versucht worden ist, müssen die Kinder erkennen, daß auch diese Methode nichts einbringt. Vivi kommt zu der Einsicht: »Blutige Rache ist eben Quatsch.« Nun findet Elke eine einstimmige Mehrheit zu dem Vorschlag, die Eltern zu fragen, ob sie in einen Solidaritätsstreik für Frau Murk treten würden. Aber auch hier ist das Ergebnis ihrer Bemühungen negativ. Die Kinder müssen erfahren, daß ihre Eltern Angst haben, »den Mund aufzumachen und zu streiken«. So bleiben alle drei Wege ohne Erfolg. Was aber

entstanden ist, ist die Entdeckung: »Dann müssen eben alle den Mund aufmachen.«
Das Stück soll Beispiel und Anregung sein: geschaffene Tatsachen nicht als schicksalhaft hinzunehmen, sondern sich mit ihnen auseinanderzusetzen und zu sehen, *was* man *wie* machen kann. Das Rollenspiel soll »Einübung für den Ernstfall«* sein.

* Jörg Richard, Rollenspiel. In: »Doof bleibt doof«; »Ein Fest bei Papadakis«, München (Weismann Verlag), 1978.

Arno Paul

Zu einigen Strukturelementen der GRIPS-Dramaturgie

Von der Nummerndramaturgie des politischen Kabaretts ausgehend, versuchten Ludwig und Hachfeld schon in den ersten GRIPS-Stücken eine durchgehende Handlung mit durchgehenden Personen zu entwickeln. Ausgangspunkt bildete die Überlegung, daß Kinder einen roten Faden brauchen, der ihnen nicht nur hilft, die Zusammenhänge und Widersprüche einer Entwicklung auszumachen, sondern der sie überhaupt erst dazu befähigt, schrittweise zu denken und menschliches Verhalten als einen Prozeß zu begreifen. Diesen Anspruch stellte sich vor allem Volker Ludwig mit seinen Ko-Autoren Carsten Krüger und Reiner Lücker. In seinen früheren Versuchen entwickelte sich die Handlung noch relativ linear und auf die zentralen Figuren ausgerichtet. Heute zeichnen sich Ludwigs Stücke durch eine hohe formal-inhaltliche Geschlossenheit aus, mit differenzierten sozialen Begründungen des Verhaltenshorizonts der Figuren. Die Handlungsstränge sind miteinander verknüpft und bedingen sich wechselseitig. Die Perspektive des Einzelhelden wurde aufgegeben zugunsten einer gesellschaftlich determinierten Sichtweise, die den Einzelnen in sein Umfeld integriert und die Aufmerksamkeit auf den Gesamtzusammenhang der Situation zu lenken trachtet.

Ludwig betont die soziale und dramaturgische Logik der Fabel gegenüber den formalen Möglichkeiten eines unterhaltsam-aufklärerischen Kindertheaters. Grob gesagt entspricht der Fabelbau der Mehrzahl seiner Stücke den – durchaus sinnvollen – Prinzipien des sozial engagierten bürgerlichen Realismus. Die Einzelszenen und ihre Figuren stehen in einem wohlproportionierten Verhältnis zum Gesamtgeschehen, das sich unter Vermeidung von größeren zeitlichen und räumlichen Sprüngen, von Stilverschiebungen und anderen Formen der Montage und Verfremdung gleichsam organisch entwickelt.

Eine Art Gegenpol zu Ludwigs ›Dramaturgie des roten Fadens‹ bilden die Stücke Stefan Reisners, der 1973 mit *Ruhe im Karton!* anfing. Reisner vertritt die Auffassung, daß besonders Vor- und Grundschulkinder noch nicht in der Lage sind, eine durchgängige Theaterstory in ihrer Gesamtheit zu überblicken. Diese Zuschauergruppe sei wesentlich auf prägnante und in sich abgeschlossene Einzelszenen angewiesen, die in ihrer Reihenfolge durchaus austauschbar sein können, wenn sie insgesamt ein stimmiges Bild ergeben. Damit plädiert Reisner für die Rehabilitierung des ›Nummernstücks‹, und das hat die GRIPS-Arbeit wesentlich gefördert. Denn ein pädagogisch verantwortetes Kindertheater muß sowohl die altersbedingten Rezeptionsunterschiede berücksichtigen als auch offen sein für alternative dramaturgische Standpunkte.
So richtig es ist, daß sich eine Theatergruppe einen bestimmten formalen Rahmen setzt, um das inhaltlich als wichtig Erkannte mit aller gebotenen Klarheit zu vermitteln, so falsch wäre die Verabsolutierung der eigenen Ansätze und Erfahrungen. Daß sich Reisner mit seiner von Ludwig stark abweichenden Handschrift am GRIPS Theater durchsetzen konnte, ist mehr als ein Indiz für die Offenheit der GRIPS-Dramturgie.
Bei der Erörterung des spezifischen GRIPS-Realismus darf nicht übersehen werden, daß auf dem Kindertheater vor GRIPS so gut wie keine Wirklichkeitsbewältigung geleistet wurde. Aus der Tatsache dieser skandalösen Vernachlässigung resultiert die gezielte ›Lebensnähe‹ von Thematik und Spielweise, die jedoch nicht mit naturalistischem Abklatsch zu verwechseln ist. Wenn sich GRIPS um ›Echtheit‹ und Genauigkeit der Handlung und Figuren bemüht, so führt das weder zum Detailfetischismus noch zum Verharren im bloß Zuständlichen. Es wird also nicht nur gezeigt, warum sich bestimmte Menschen so und so verhalten, sondern es wird zugleich eine Alternative vorgestellt, die keine utopischen Züge im Sinne idealistischer Schwärmerei aufweist. Diese Alternativen sind immer schon in den bestehenden Verhältnissen angelegt. Das GRIPS Theater nimmt also nur eine Akzentverschiebung vor und stellt die Lebensformen heraus, die uns zum ›aufrechten Gang‹ ermutigen.

Ein gutes Beispiel für diese Ermunterung ist die Betonung der Kreativität als einer situationsgerechten Phantasietätigkeit, die nicht von der Problematik ablenkt, sondern eine bedürfnisgerechte Lösungsmöglichkeit anstrebt. Fast in jedem Stück kommt eine zentrale Szene vor, wo die Kinder mit den ihnen eigenen Mitteln des Spielens ihre Lage und die ihrer Umwelt untersuchen, um auf lustvolle und originelle Weise sowohl das Wie und Warum zu erfragen, als auch einen Weg zu suchen, der aus der offensichtlichen Unzulänglichkeit der Situation herausführen könnte. Meistens bleibt diese Lösung nicht auf die Spielebene beschränkt, sondern sie wird nach anfänglichem Vorbehalt oder auch Widerstand gerade der Erwachsenen dann schließlich doch von allen gemeinsam ausprobiert. Diese Dramaturgie des Spiels im Spiel hat das GRIPS im Laufe seiner Entwicklung immer stärker differenziert und in den Gesamtverlauf der Fabel eingebunden. Dem Publikum soll unter anderem bewußt werden, daß es nicht nur im Theater seiner Phantasietätigkeit freien Lauf lassen soll. Spielerische Problemorientierung ist *auch* eine Grundvoraussetzung jeden politischen Handelns. Es kommt darauf an, daß der Mensch lernt, seine spielerischen Fähigkeiten nicht vornehmlich zu Ablenkungs- und Fluchtmanövern zu benutzen und auszubilden. Um das beim Publikum zu erreichen, demonstriert das GRIPS gerade auf der problemorientierten Spielebene eine fröhliche Selbstverständlichkeit. Denn es gilt zu beweisen, daß der Witz, der sich mit der Wirklichkeit beschäftigt, genauso attraktiv und unterhaltsam ist wie derjenige, der von ihr ablenken will.
Ein wesentliches Strukturmerkmal dieses kinderbewußten Volksheaters ist neben der Sichtweise von unten das bejahende Moment der Komik. Im Gelächter befreien wir uns von unserer überlebten Vergangenheit. Wir zeigen, daß wir eine Situation durchschaut haben und sie beherrschen. Die Komödie ist optimistisch, denn in ihrem Verlauf trägt das Fortschrittliche bzw. das historisch Erstrebenswerte den Sieg davon. Komik ist folglich die vornehmste und legitimste Waffe der Kunst. Im Kindertheater erfüllt sie eine doppelt wichtige Funktion. Frühzeitig lernen Kinder aus ihrer Position der Schwäche heraus, in das Gewand der

komischen Person zu schlüpfen, um Forderungen gegenüber den Mächtigen durch listenreiche ›Selbsterniedrigung‹ durchzusetzen. GRIPS-Stücke sind voll von Beispielen dieser Art. Kaum weniger wichtig ist der pädagogische Effekt der Komik. Nicht nur Kinder, sondern wir alle lernen besser und bereitwilliger, wenn wir nicht mit der Nase auf unsere Fehler und Defizite gestoßen werden. Das GRIPS-Theater lehrt durch fröhliches Kennenlernen, durch Herauskitzeln der Neugier und durch spielerische Leichtigkeit. Hinter jedem Witz, den die Schauspieler machen, verbirgt sich ein Stück Wahrheit.

Ein Identifikationstheater bürgerlicher oder sozialistischer Herkunft hat GRIPS nie angestrebt. In der Frühzeit ging man sogar soweit, die Schauspieler in ihrer außertheatralischen Existenz vorzustellen, bevor sie ihre Rollen übernahmen, damit über den Spielcharakter des Dargestellten auch nicht der geringste Zweifel entstehen konnte. Heute hat man ein entspannteres Verhältnis zur Fiktionalität und setzt voraus, daß die Kinder auch den wiederholten und abrupten Rollenwechsel ein und desselben Schauspielers ohne weiteres mitvollziehen. Allerdings ist festzustellen, daß sich im Laufe der Zeit eine gewisse Verschiebung vom typisierenden zum individualistischen Darstellungsstil vollzogen hat. Wenn man sich früher damit begnügte, eine Rolle soweit auszugestalten, daß sie in ihrem Sozialtypus erkennbar wurde, neigt man neuerdings zu Individualisierungen, die über den bloßen Akt des Zeigens hinausgehen.

Abgesehen davon, daß der Antiillusionismus kein künstlerisches Dogma sein sollte, läßt er sich für ein Kinderpublikum nur bedingt verwirklichen. Jegliches Spiel, das Kinder anspricht, übt auf sie zugleich eine Suggestivkraft aus. Um etwas zu verstehen, müssen nicht nur Kinder seelisch berührt werden. Gutes Theater enthält immer Effekte von starker emotionaler Kraft. Es kommt darauf an, in welchem Kontext sie stehen und was man durch sie erreichen will. Solange sie nicht nur zur Aufputschung oder Zerstreuung dienen, sondern eine emanzipatorische Absicht verfolgen, sind sie geradezu unerläßlich.

Detlef Michel

Tendenzwende im Jugendtheater?

Zu den GRIPS-Stücken »Das hältste ja im Kopf nicht aus« und »Die schönste Zeit im Leben«

1974/75 schrieben Volker Ludwig und ich unser erstes Theaterstück für Jugendliche, *Das hältste ja im Kopf nicht aus.*[1] Als es im GRIPS-Theater Premiere hatte, wurde es von der Kritik ausnahmslos gelobt, geradezu überschwenglich gefeiert. Von einem »Meilenstein« war die Rede, von einer »Pioniertat«.[2] Drei Jahre später, nach der Premiere unseres zweiten Stücks, *Die schönste Zeit im Leben*[3] war der Tenor der Kritik unverändert (von zwei Ausnahmen abgesehen, auf die ich noch eingehen werde). Ästhetisch und dramaturgisch unterscheiden sich beide Stücke nicht; am strengen Realismus hat sich nichts geändert. Ist also das, was die Kulturkritik »Tendenzwende« nennt, an uns vorübergegangen? Zunächst: ja – wenn »Tendenzwende« die kulturelle Hinwendung zu einer Lebenshaltung meint, die Subjektivität zu einem Programm erhebt, unter dem Landkommunen und Meditationszirkel entstehen und Charles Bukowski zum Bestseller wird.

Die Ursache dafür, daß wir diesen Weg nicht gegangen sind, ist sehr einfach zu beschreiben. Sie liegt im Jugendtheater selber. Beide Stücke behandeln Probleme *proletarischer* Jugendlicher und wenden sich zugleich an dieses Publikum. Mit unserer eigenen ist aber die Lebensgeschichte dieser Jugendlichen nicht zu vergleichen. Unübersehbar ist die klassenmäßige Trennung der Autoren von ihrem Gegenstand. (Das Wort hat hier seinen schrecklichen Platz zu Recht: Die Jugendlichen sind *Gegenstand* unseres Schreibens, es verbindet uns mit ihnen Interesse *abstrakt,* aber nicht konkret, kein politischer Kampf, keine politische Organisation). Für das Schreiben hat das eine wichtige Konsequenz. Wir können die Figuren nicht einfach unseren

Köpfen entspringen lassen, sie können nicht literarisch verarbeitete Projektionen sein. Wir müssen uns vielmehr *einer fremden Welt anempfinden.* Vor dem Schreiben lag deshalb eine lange Phase des Recherchierens, journalistischer Arbeit. Erst darauf folgte die literarische Verarbeitung. Wir haben also nicht unsere eigenen Erfahrungen in Szene gesetzt, sondern die der Jugendlichen. Das heißt nicht, diese Form des Theaters sei der authentische Ausdruck proletarischer Erfahrungen, denn die sind ja von Intellektuellen verarbeitet worden, und so sehr wir uns beim Schreiben um die Authentizität bemühten und uns selbst nicht »einbringen« wollten, wie es im neuesten Jargon heißt — es blieb die intellektuelle Wahrnehmung der proletarischen Wirklichkeit.

Interviews, Diskussionen, private Gespräche machen die klassenmäßigen Unterschiede zwischen denen, die schreiben, und denen, über die geschrieben wird, sehr schnell deutlich. Verkauf der Arbeitskraft oder Arbeitslosigkeit, die als individuelles Versagen empfunden wird — das ist das Klassenschicksal dieser Jugendlichen. Sollen sie etwa eine Lehrerin ernstnehmen, die es in der Schule nicht mehr aushält, die hochbezahlte Stellung kündigt und in die Lüneburger Heide zieht, um dort »zu sich selbst zu finden«, indem sie Keramikvasen bemalt? Sie flüchten nicht vor der entfremdeten Arbeit sondern suchen sie[4]. Jeder von uns denkt sich Zukunft als *seine* Zukunft, als biographische Entwicklung. Jugendliche aber, die nach der Hauptschule zwei Jahre lang ununterbrochen arbeitslos sind, können sich allmählich gar nicht mehr anders definieren. Für sie wird das, was in unseren Köpfen als Ausnahmesituation eines Arbeiters erscheint, der Normalzustand. Sie richten sich in dieser Existenz ein, entwickeln bestimmte Attitüden, die sonst bei Rentnern vorkommen: Sie verlieren das Zeitgefühl und die Fähigkeit, langfristig, wenigstens auf ein Jahr zu planen, geschweige denn, ihr Leben perspektivisch zu gestalten. Was soll da der Begriff der Subjektivität?

Natürlich gibt es bei diesen Jugendlichen wie bei den Intellektuellen Fluchtbewegungen, aber mit einem entscheidenden Unterschied. Die Flucht von Intellektuellen ist, so irrational sie anmuten mag, kalkuliert. Sie findet in der Erwartung eines guten Endes statt, wo ein besseres Leben beginnen soll. Longo Mai gibt es eben wirklich, mit der Eisenbahn zu erreichen. Die Flucht proletarischer Jugendlicher dagegen ist endlos. Von Alkohol, Heroin oder Kriminalität kann man nur kurze Unterbrechungen der andauernden Erniedrigung erwarten. Auf einen Rausch kann nur der nächste folgen. Ein Leben hin zur Selbstverwirklichung läßt sich so nicht entwerfen.

Solche Lebensverhältnisse finden ihren kulturellen Ausdruck. Den Jargon oder die Musik, manchmal auch die Mode (wie beim Punk) zeichnen eine Radikalität der Empfindungen aus, die wir, geübt in der Radikalität der Begriffe, nur schwer nachvollziehen können. Derartige Formen des Widerstands halten sich, bis die Kulturindustrie sie aufnimmt und neue entwickelt werden müssen. Der kulturelle Ausdruck dieser Lebensverhältnisse unterscheidet sich erheblich von dem, den die intellektuellen Fluchtbewegungen hervorbringen. Nicht Ich-Bezogenheit sondern die scharfe Trennung zwischen »wir« und »die andern« ist das charakteristische Merkmal. Das kann heißen: wir hier gegen die da oben, wir gegen die Alten, unsere Clique gegen den Rest der Welt. Ob sich das fortschrittlich äußert oder – wie in fast allen Rockergruppen – autoritär, die Überlebensversuche sind immer kollektiv. Davon mußten wir bei unseren Stücken ausgehen, und insofern haben uns die Jugendlichen selbst vor jener »Tendenzwende« bewahrt. Es gibt für sie keine andere erfolgversprechende Perspektive als die des organisierten Widerstands.

Darüber aber, was das heißen mag, gehen beide Stücke weit auseinander. *Das hältste ja im Kopf nicht aus* erzählt die Geschichte von Hauptschülern, denen es gelingt, durch solidarischen Widerstand die Entlassung einer beliebten Lehrerin zu verhindern. Es zeigt, wie solidarischer Widerstand die Kraft für einen Sieg bringen kann. Ein politisches Stück also, und so wurde es auch generell aufgenommen.

Als wir für *Die schönste Zeit im Leben* mit den Recherchen begannen, wurde uns allerdings klar, daß wir mit dem Thema des Schulkonflikts eine Ausnahmesituation gewählt hatten. Die Schulklasse ist ein staatlicher Zwangsverband, die Interessen der Schüler kollidieren mit staatlichen Interessen, im Stück durch den Schulleiter verkörpert. Der Konflikt zwischen ihm und den Schülern war also erklärtermaßen politisch, und entsprechend leicht war es auch für uns, dem Publikum die Handlungen der Personen als politische zu vermitteln.

Was aber, wenn Konflikte nicht so sichtbar politisch sind? Was passiert, wenn ein Freizeitheim »wegen Lärmbelästigung« geschlossen wird? Dann geht man eben in ein anderes. Und wenn das letzte schließt, trifft man sich am Bahnhof. Was passiert, wenn einer kriminell wird? Die anderen warten, bis er wieder aus dem Knast kommt, oder vergessen ihn vorher. Was passiert, wenn ein Mädchen im Freizeitheim bis zum Umfallen säuft? Der Freund schleppt es in eine Ecke, dort bleibt es liegen, bis es wieder aufstehen kann. Gegen Saufen, Kriminalität, Fixen organisiert sich in der Regel kein solidarischer Widerstand (wie er im Schulkonflikt naheliegt). Der einzelne engagiert sich nicht am scheinbar individuellen Probelm des anderen einzelnen. Man arrangiert sich so, daß man sich gegenseitig hinnehmen kann.

Genau das ist das Thema unseres neuen Stücks. *Die schönste Zeit im Leben* schildert ein Panorama unterschiedlicher privater Reaktionsweisen der Jugendlichen auf ihre soziale Realität, berichtet von den zaghaften Ahnungen des gesellschaftlichen Zusammenhangs dieser Reaktionsweisen, von der Mühe, die es macht, daraus praktische Konsequenzen zu ziehen, Anteil am Schicksal eines anderen zu nehmen, das sich nicht wesentlich vom eigenen unterscheidet. Das ist der Unterschied zwischen beiden Stücken: *Das hältste ja im Kopf nicht aus* thematisiert den Sinn solidarischen Handelns, *Die schönste Zeit im Leben* dessen Voraussetzungen.

Prompt haben uns zwei Zeitungen den Vorwurf gemacht, wir hätten ein unpolitisches Stück geschrieben, die *Deutsche Volkszeitung* und die *Frankfurter Allgemeine Zeitung*. Das überrascht und bedarf der Erklärung. Was steckt dahinter, wenn ausgerechnet Zeitungen so gegensätzlicher Couleur zum selben Urteil kommen? In der *Deutschen Volkszeitung* schreibt Fritz Wolf: »Die etwas enge Sichtweise des Stücks führt nicht deutlich genug zu den wirklichen Ursachen und zu den Verursachern und ebensowenig zu den Kräften, die solche Verhältnisse ändern können.«[5] Und in der *Frankfurter Allgemeinen* schreibt Sybille Wirsing: »Die Opfer, verdammt dazu, zwischen Nichtstun und Straftat zu wählen, seien, darf man glauben, imstande, sich aus eigener Kraft zu rehabilitieren. So wird das Spielfeld der engagierten Bühne diesmal zur Illusionswelt. Die Anklage ohne politische Argumentation und ohne Benennung einer verantwortlichen Zuständigkeit trifft niemanden.«[6] Der Widerspruch liegt im Politikbegriff. Die Rezensenten haben offenbar übersehen, daß wir ihrem klassischen bürgerlichen Begriff, der eine private Sphäre säuberlich von einer politischen trennt, nicht folgen. Wenn es einer fünfzehnjährigen Hauptschülerin gelingt, sich von ihrem Freund zu trennen, ohne sofort eine neue Beziehung einzugehen, wenn es einem jugendlichen Kriminellen, der nur noch im Zynismus überleben kann, gelingt, sich im Schicksal einer Fixerin zu engagieren, wenn eine Sechzehnjährige ihr Verhalten als Rollenverhalten erkennt und auf die Illusion verzichten kann, sie werde das große Glück an der Seite eines reichen Mannes finden, wenn eine Tochter ihre Probleme in denen der Mutter wiedererkennt – dann sind das *politische Siege*. Denn diese Jugendlichen verändern ihre Verhaltensweisen, nicht, indem sie sich einfach auf sich selbst oder auf irgendeine Organisation, sondern indem sie sich auf ihresgleichen beziehen.

Jener Politikbegriff läßt die beiden Rezensenten erblinden. Sie behaupten, wir zeigten die Kräfte der Veränderung nicht. Je nach politischer Couleur meinen sie freilich andere. Sybille Wirsing pocht auf die soziale Tätigkeit des Staates, das verrät ihre Sprache, wenn von »Rehabilitation« und »verantwortlicher Zuständigkeit« die Rede ist. Fritz Wolf bleibt etwas undeutlicher, er sagt nur: »Alternativen gibt es.« Aus der Tendenz der *Deutschen Volkszeitung* darf man ableiten, daß damit wohl die Gewerkschaften und irgendwelche Parteien gemeint sind. Gemeinsam ist beiden Rezensenten, daß sie die verändernde Kraft nicht in den Jugendlichen, sondern bei Instanzen und Organisationen suchen, die den Jugendlichen äußerlich sind. Sie sollen sich ihrer annehmen, stellvertretend das durchsetzen, was jeweils für deren Interessen gehalten wird. Nur eines soll nicht geschehen: daß die Jugendlichen selbsttätig werden. Hier treffen sich die beiden Rezensenten. Jeder möchte sie für seine Politik instrumentalisieren, jeder macht ihre Misere zur Projektionsfläche seines eigenen politischen Programms.

Die verändernden Kräfte sind auf der Bühne sehr wohl zu sehen: Es sind die Jugendlichen selber. Am Ende des Stücks beginnen sie, sich über ihre Interessen zu verständigen und ihr Leben daran zu orientieren. Das *ist* Politik, denn diese Lebensweise widersetzt sich der Unterdrückung, welche Form sie auch annimmt. Sie widersetzt sich nicht nur der Herrschaft des Kaptialverhältnisses, sondern gleichermaßen der Herrschaft unserer eigenen Ängste, Verdrängungen, Verinnerlichungen.

Gewiß ist es kein Zufall, daß wir erst *Das hältste ja im Kopf nicht aus* und dann *Die schönste Zeit im Leben* schrieben. Jener Politikbegriff, an dem die Rezensenten festhalten, war auch unserer, und deshalb lag uns ein vordergründig politisches Thema nahe, wie wir es in unserem ersten Stück behandelten. *Die schönste Zeit im Leben* versucht dagegen, *die privaten Lebensverhältnisse der Jugendlichen als politische aufzudecken.* Diese Tendenzwende haben wir in der Tat vollzogen.

Anmerkungen

1 Volker Ludwig/Detlef Michel, Das hältste ja im Kopf nicht aus. Verlag der Autoren, Frankfurt am Main 1975.

2 Vgl. z. B. Heinz Ritter, in: Kultur heute. *Deutschlandfunk,* 19. 9. 1975.

3 Volker Ludwig/Detlef Michel, Die schönste Zeit im Leben. Verlag der Autoren, Frankfurt am Main 1978.

4 Gewiß gibt es auch unter den Jugendlichen diese Flucht, indem sie sich in Kooperativen und kleinen Handwerksbetrieben zusammenschließen, zum Beispiel Autoreparaturwerkstätten aufmachen und versuchen, ihre Arbeit unter eigener Regie zu organisieren. Solche Anstrengungen sind aber noch marginal, und sie setzen wohl die Erfahrung entfremdeter Arbeit voraus. Wer sofort nach der Schulzeit arbeitslos wird, hat diese Erfahrung noch nicht gemacht.

5 *Deutsche Volkszeitung* v. 22. 6. 1978.

6 *Frankfurter Allgemeine Zeitung* v. 8. 6. 1978.

Wolfgang Kolneder

Antworten auf einige Fragen, die uns immer wieder gestellt werden

Warum braucht das GRIPS Subventionen?

Die qualitativen und physischen Anforderungen an die Mitarbeiter des GRIPS Theaters übertreffen in vielem die des Erwachsenentheaters. Im umgekehrten Verhältnis dazu stehen die Eintrittspreise: Könnte GRIPS die gleichen Durchschnittseintrittspreise verlangen wie etwa die »Schaubühne am Halleschen Ufer«, könnte es auf Subventionen verzichten. Dieser Vergleich zeigt am besten, wie erfolgreich und rentabel dieses Theater arbeitet. Daß höhere Eintrittspreise nicht vertretbar sind, versteht sich von selbst: Das GRIPS-Publikum besteht zum größten Teil aus Jugendlichen und Kindern, deren Eltern noch nie im Theater waren; aus Schulklassen und Gruppen, die oft aus schlechten wirtschaftlichen Verhältnissen kommen. Gerade sie sollen aber erreicht werden.

Wo und für wen spielt GRIPS?

1) im eigenen Haus: 1 Berlin 21, Altonaer Str. 22
   (Fassungsvermögen: 360-400 Menschen)
   - vormittags für Schulen, Kindergärten, Horte
   - nachmittags und abends im freien Verkauf und für Gruppen.

Eintrittspreise: Kinder, Schüler, Arbeitslose u. Lehrlinge: DM 5,– (Jugendstück: 5,30 DM)
Studenten: DM 7,–
Sonstige: DM 8,– (Jugendstück: DM 8,50)

   - Der Besuch von Schulklassen wird vom »Theater der Schulen« finanziell unterstützt. Für andere Gruppen werden bei den Bezirksämtern (Abteilung Jugendpflege) Gutscheine ausgegeben.

2) in Schulen, Jugendheimen, Kirchen, Gemeindehäusern auf Einladung von Verbänden, Schulen, Kirchen, Gruppen.
3) – auf Gastspielreisen in der Bundesrepublik bespielen wir in unregelmäßigen Abständen ca. 30 Orte.
   - auf Gastspielreisen im Ausland (Schweiz, Österreich, Italien, Frankreich, Luxemburg, Skandinavien), u. a. auf Einladung der Goethe-Institute.

4) Fast alle GRIPS-Aufführungen sind bisher vom Fernsehen aufgezeichnet worden.
5) Neun Stücke sowie drei Liederzusammenstellungen sind bisher auf Schallplatten erschienen.

Die Spielzeit beträgt 10½ Monate mit ca. 400 Vorstellungen, davon 200 für Schulklassen (das sind ca. 2400 Schulklassen im Jahr)
100 im freien Verkauf
100 außerhalb des Theaters

Kann Theater als relativ isolierte Instanz wirklich verändern, d. h. direkt wirken?

Sieht ein Kind eines unserer Stücke, kann es sich darüber freuen oder auch nicht, es wird aber in der Regel doch nur einen eher flüchtigen Eindruck haben, der zudem noch gegen alle übrigen Reize wie Werbung, Fernsehen, Film, Platten usw. konkurrieren muß. Deshalb gehört zu unseren Stücken die ›Nachbereitung‹ ebenso wesentlich wie die Aufführung. Nur durch die Nachbereitung können unsere Stücke überhaupt Wirkung ausüben. Die Nachbereitung geschieht naturgemäß in der Schule oder im Kindergarten. Das ganze GRIPS-Konzept funktioniert also überhaupt nur durch die Zusammenarbeit mit Schule und Kindergarten.

Wie läuft die Arbeit chronologisch und inhaltlich ab, wenn ein neues Stück in Angriff genommen wird?

Es gibt dafür keine festen Regeln, da die Arbeitsweise von vielen Faktoren abhängig ist: z. B. der Zeit, die für die Vorbereitung zur Verfügung steht, den Schwierigkeiten bei den Recherchen zum gewählten Thema, dem individuell unterschiedlichen Schreibtempo der Autoren, den Erfahrungen der Schauspieler im Spielen für die anvisierte Altersgruppe. Nach einer Arbeit, in der die Gruppe sich während der Proben mühsam zusammengerauft hat, wünschen sich alle, daß mal endlich ein Stück vor Probenbeginn fertig vorliegt. Wenn ein Stück unter Zeitdruck, mit geringer inhaltlicher Beteiligung der Schauspieler produziert wurde, wünschen sich alle »mal wieder eine richtige Gruppenproduktion«.
Es gibt eine Idealvorstellung, nach der wir immer streben, ohne sie freilich je »rein« verwirklicht zu haben.

Erläuterungen zu den Seiten 134 – 135:

1) Die Idee kommt in der Regel von einem oder mehreren Autoren, oft greift sie Diskussionen auf, die im Ensemble geführt wurden, ohne daß dabei an ein konkretes Stück-Projekt gedacht worden war. Oft werden Anregungen aufgegriffen, die in Diskussionen mit Schulklassen gegeben wurden.
2) An dieser Erarbeitung nehmen je nach Zeit und Notwendigkeit bereits Lehrer, Pädagogen teil.
3) Daran beteiligen sich sämtliche Mitglieder des Theaters. Teilweise wird damit der Wissensvorsprung der Autoren aufgeholt, oft werden dabei Erkenntnisse gewonnen, die dann direkt in das Stück einfließen. Für die Schauspieler sind diese Untersuchungen deshalb besonders wichtig, weil sie dabei die sinnlichen Eindrücke gewinnen, die ihnen überhaupt erst ermöglichen, die Personen des Stücks lebendig auf die Bühne zu stellen.
4) Diese Kontakte dienen einerseits der Erarbeitung des Themas, andererseits werden ihnen manchmal schon Szenen vorgelesen, zu denen sie sich äußern, und sie werden als das Testpublikum ausersehen, das gegen Ende der Produktion an den Proben (25) teilnimmt.
5) Dies ist der wichtigste Moment in einer Produktion: Ab jetzt arbeiten die Autoren »im Auftrag« des Theaters (6). Durch die eigenen Vorstellungen, die die Mitglieder des Theaters zum Thema inzwischen gewonnen haben, werden jetzt bereits Vorschläge zur Veränderung, Erweiterung, Konkretisierung usw. des Konzepts gemacht.
7 – 10) Bei den Beratungen werden sowohl die individuellen Fähigkeiten wie Neigungen diskutiert, hier entscheidet sich auch, ob ein neues Ensemblemitglied engagiert werden muß oder ob man für eine spezielle schauspielerische Aufgabe einen Gast engagiert, der dann einen Teilzeitvertrag erhält. Bei der Wahl des Regisseurs stehen gegenwärtig vier fest angestellte Mitglieder des Hauses zur Diskussion, von denen bekannt ist, daß sie den kollektiven Arbeitsstil bei der Inszenierung (bei allen individuellen Unterschieden) wollen.
11/12) Soweit wie möglich werden erste Probleme der Realisierung des Stückes jetzt schon geklärt.
14 – 16) Da die hier anstehenden Probleme beim besten Willen aller Beteiligten nicht kollektiv gelöst werden können, weil das einerseits die Fähigkeiten der Mitglieder überfordert, andererseits mit den Arbeitsgewohnheiten der einzelnen zusammenhängt (einer arbeitet lieber erst mal für sich allein am Schreibtisch, der andere wird erst nach nächtelangen Diskussionen produktiv), setzt hier die Arbeitsteilung ein.
17) Hier mischen sich je nach Neigung der Schauspieler und der Regisseure und nach den Anforderungen der Stückvorlage verschiedene Probenmethoden. Mal wird exakt entlang des Textes probiert, mal wird eine Szene, obwohl sie geschrieben vorliegt, erst frei improvisiert; mal arbeiten die Schauspieler lieber ohne Auto-

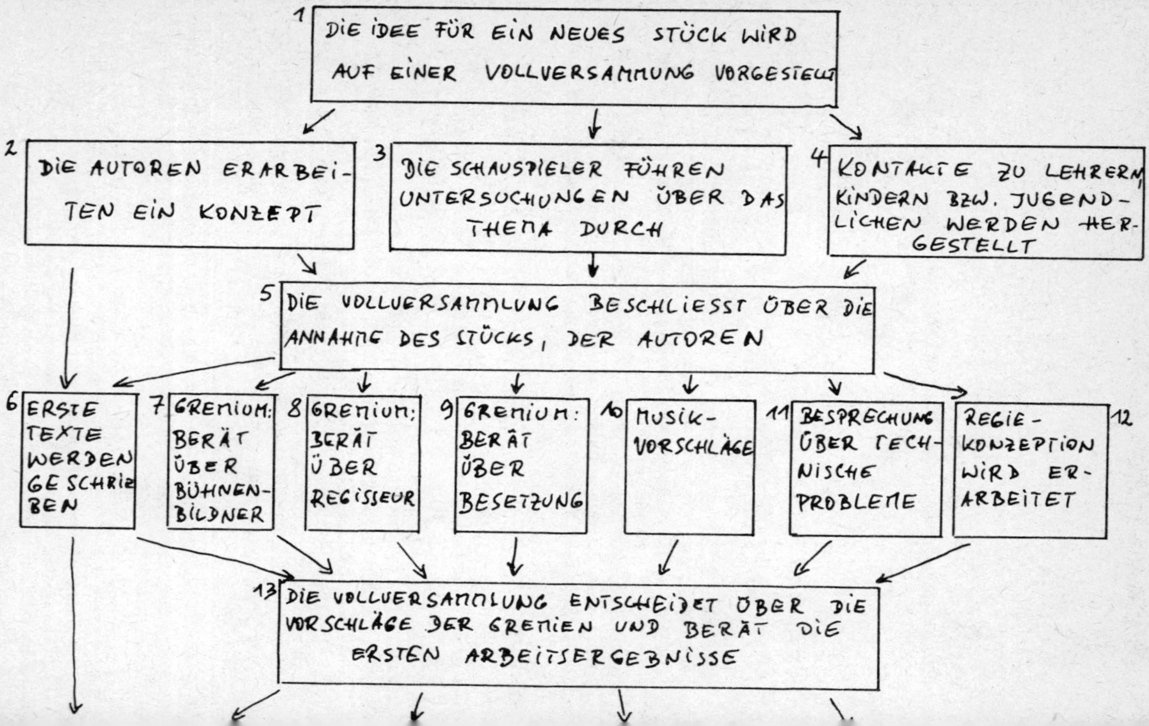
1 DIE IDEE FÜR EIN NEUES STÜCK WIRD AUF EINER VOLLVERSAMMUNG VORGESTELLT
2 DIE AUTOREN ERARBEITEN EIN KONZEPT
3 DIE SCHAUSPIELER FÜHREN UNTERSUCHUNGEN ÜBER DAS THEMA DURCH
4 KONTAKTE ZU LEHRERN, KINDERN BZW. JUGENDLICHEN WERDEN HERGESTELLT
5 DIE VOLLVERSAMMLUNG BESCHLIESST ÜBER DIE ANNAHME DES STÜCKS, DER AUTOREN
6 ERSTE TEXTE WERDEN GESCHRIEBEN
7 GREMIUM: BERÄT ÜBER BÜHNENBILDNER
8 GREMIUM: BERÄT ÜBER REGISSEUR
9 GREMIUM: BERÄT ÜBER BESETZUNG
10 MUSIKVORSCHLÄGE
11 BESPRECHUNG ÜBER TECHNISCHE PROBLEME
12 REGIEKONZEPTION WIRD ERARBEITET
13 DIE VOLLVERSAMMLUNG ENTSCHEIDET ÜBER DIE VORSCHLÄGE DER GREMIEN UND BERÄT DIE ERSTEN ARBEITSERGEBNISSE

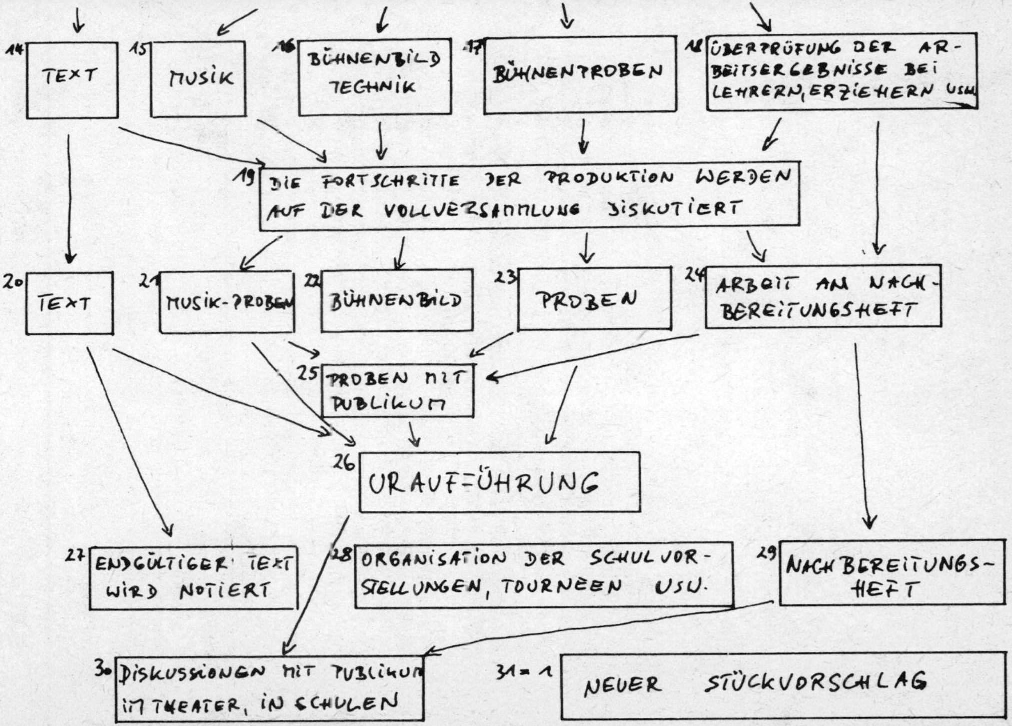
14 TEXT
15 MUSIK
16 BÜHNENBILD TECHNIK
17 BÜHNENPROBEN
18 ÜBERPRÜFUNG DER ARBEITSERGEBNISSE BEI LEHRERN, ERZIEHERN USW.
19 DIE FORTSCHRITTE DER PRODUKTION WERDEN AUF DER VOLLVERSAMMLUNG DISKUTIERT
20 TEXT
21 MUSIK-PROBEN
22 BÜHNENBILD
23 PROBEN
24 ARBEIT AN NACHBEREITUNGSHEFT
25 PROBEN MIT PUBLIKUM
26 URAUFFÜHRUNG
27 ENDGÜLTIGER TEXT WIRD NOTIERT
28 ORGANISATION DER SCHULVORSTELLUNGEN, TOURNEEN USW.
29 NACHBEREITUNGSHEFT
30 DISKUSSIONEN MIT PUBLIKUM IM THEATER, IN SCHULEN
31 = 1 NEUER STÜCKVORSCHLAG

ren und führen ihnen das Ergebnis ihrer Arbeit an einer Szene vor, mal ist der Autor (oder die Autoren) von Anfang an dabei; mal führen die Proben zur totalen Änderung der ersten Szenen, mal werden nur einzelne Haltungen der Personen geändert oder einzelne Sätze »mundgerecht« gemacht . . .
19) Diese Idealvorstellung einer Vollversammlung ist leider bisher immer Wunschdenken geblieben. Die Gründe dafür sind organisatorischer und zeitlicher Natur. Als wir das Jugendstück *Das hältste ja im Kopf nicht aus* machten, war das kein Problem, weil sowieso alle Schauspieler im Stück beschäftigt waren, aber im Normalfall, d. h. wenn ein Teil des Ensembles ein Stück z. B. für Menschen ab 5 probiert, während der andere Teil nur Vorstellungen zu spielen hat (nach der Premiere ist es dann umgekehrt: Die einen spielen nur, während die anderen ein Stück für Menschen ab 9 machen), wäre eine solche Vereinheitlichung des gesamten Ensembles dringend nötig, weil die einen oft nicht wissen, was die anderen gerade für Probleme haben. Es geht aber leider nicht.
25) Proben mit Publikum sind leider erst ziemlich spät möglich. Voraussetzung dafür ist nämlich, daß die größten Teile des Bühnenbilds, die Kostüme und die wesentlichen Requisiten bereits vorhanden sind, nur dann können wir von den Kindern verläßliche Kommentare bekommen. So selbstverständlich es für den Schauspieler ist, statt mit einem realen Spielzeugauto auf der Probe mit einem Stück Holz zu spielen, so sehr kann das unter Umständen die Kinder ablenken.
Diese Proben sind aus vielen Gründen unerläßlich:
erstens stellt sich hier heraus, ob das Thema für die Altersgruppe überhaupt richtig gewählt und behandelt wurde; manchmal mußten wir das anvisierte Alter der Zielgruppe danach heraufsetzen;
zweitens kann man oft feststellen, durch welche Sätze oder Handlungen Mißverständnisse beim Publikum erzeugt werden, die oft mit geringfügigen Änderungen beseitigt werden können;
drittens bekommen die Schauspieler, die wochenlang »unter sich« waren, zum erstenmal eine Ahnung davon, worauf die Kinder besonders reagieren, ein Witz, den man selbst schon durch ewiges Probieren nicht mehr komisch findet und ihn deshalb schlecht oder lustlos spielt, wird plötzlich wieder komisch; und
viertens: Jetzt erst kann man den endgültigen Rhythmus der Aufführung erkennen. Die Kinder sind nicht zimperlich in ihren Reaktionen: Wenn 400 Kinder lachen oder toben, schimpfen oder trampeln, jubeln oder den Atem anhalten, dann kann das den Ablauf einer Szene ganz schön durcheinanderbringen. Bei diesen Proben kann der Schauspieler zum erstenmal ausprobieren, an welchen Stellen er laut sein *muß,* obwohl er die Stelle viel lieber (und richtiger) leise gespielt hätte, wo eine Pause, für die es bei den Proben viele gute Gründe gab, die Kinder zur Unaufmerksamkeit verführt, wo er eine starke Reaktion der Zuschauer abwarten muß, damit die nächsten Sätze nicht ungehört untergehen, wo er sich auf Einwürfe und Kommentare aus dem Publikum gefaßt machen muß. Wie gesagt, er kann es zum erstenmal ausprobieren, trotzdem

erlebt er bei den ersten 30 Vorstellungen noch manche schöne oder böse Überraschung.
27) Nach der Uraufführung wird der endgültige Text notiert. Das Theater läßt den Text drucken, der dann an Eltern und Lehrer (und andere Interessierte) verkauft wird.
28) Es gibt mittlerweile viele Lehrer, Gastspielveranstalter, Kindergärtner(innen), die GRIPS-Stücke »blind« buchen, d. h. die nicht erst warten, bis sie die Aufführung gesehen oder das Stück gelesen haben. Ihnen reicht es zu wissen, daß wir ab dem soundsovielten wieder ein neues Stück spielen, und schon melden sie Klassenbesuche an oder laden uns zu Gastspielen ein. Für alle anderen werden jetzt Plakate und Kritiken verschickt.

SPIELPLAN JANUAR '76

GRIPS-*Musik*

Ein Gespräch zwischen Birger Heymann, Volker Ludwig und Karin Seifert

Karin: Wie entstehen eure Lieder?
Volker: Wenn ich anfange, mir ein Lied auszudenken, gehe ich immer erst von einer Textzeile aus, die möglichst wirksam ist, später die Refrainzeile. Meistens komme ich, nachdem die Zeile steht, schon zum Birger und sage, darauf soll's. Das sind Textzeilen wie: »Man muß sich nur wehren« oder »Trau dich, trau dich . . .« oder »Mädchen laßt euch nichts erzählen . . .« Wenn ich ein Lied schreibe, hab ich auch immer irgendeine Melodie im Ohr. Deswegen bin ich dann immer sehr überrascht, wenn Birger zum erstenmal seinen Musik-Vorschlag macht, der natürlich anders ist. Ich muß mich erst dran gewöhnen, daß es auch eine andere Sicht der Dinge gibt, und dann raufen wir uns zusammen. Es ist auch schon vorgekommen, daß die Melodie vorher da war, vor dem Text. Der Charakter der Melodie entsprach praktisch schon dem, was ich im Text ausdrücken wollte. Das war z. B. bei »Doof gebor'n ist keiner, doof wird man gemacht« der Fall, obwohl man sich nicht vorstellt, daß gerade bei so einer klaren Zeile zuerst die Melodie da war.
Karin: Du sagst, es fällt dir manchmal schwer, von deiner eigenen ›inneren‹ Melodie wegzugehen?
Volker: Ich wundere mich manchmal, daß Birger eine Zeile oder einen Vers ganz anders rhythmisiert.
Birger: Bei einem Versmaß liegt es nahe, daß man sich drauflegt und ausruht und das entsprechend vertont. Aber es ist auch sehr reizvoll, so ein bißchen gegen den vorgegebenen Rhythmus zu arbeiten.
Volker: Kaum ein Mensch wird drauf kommen, daß z. B. bei dem Gartenlied aus *Mugnog* die dritte Strophe geschrieben ist wie die erste und zweite. Es ist genau dasselbe Versmaß, aber es klingt total anders. Daran sieht man am deutlichsten, wie unterschiedlich man so einen Vierzeiler vertonen kann.
Karin: Ist euch eigentlich schon einmal der Vorwurf gemacht worden, daß eure Lieder zu schlagerähnlich sind?
Volker: Das ist gelegentlich vorgekommen.
Birger: Sie sollen im Ohr bleiben, da schleichen sich manche vielleicht etwas platte oder schlichte Töne ein. Aber sie werden meines Erachtens immer wieder aufgehoben durch überraschende Wendungen oder rhythmische Verschiebungen, die den Textinhalt noch mehr unterstützen, als wenn man ihn ganz ›gerade‹ vertonen würde.

LIEDER DIE MUT MACHEN

Volker: Wir haben sehr oft Auseinandersetzungen deswegen. Ich bin dann in der Regel dafür, so einfach wie irgend möglich zu vertonen, während Birger es komplizierter machen will. Mein Interesse ist, den Text zu transportieren auf eine möglichst eingängige Weise, und Birgers Interesse ist es, die Musik so zu machen, daß immer das Interessante im Ohr bleibt. Und da kommen manchmal gute Kompromisse raus. Die Zeile »Einer ist keiner . . .« hat z. B. eine ganz einfache Melodie, sie besteht nur aus zwei Tönen, aber sie hat eine bestimmte Synkope, und dadurch wird sie interessant. Da unterscheidet sie sich vom Schlager.
Karin: Stichwort »Eingängigkeit«. Dahinter steckt doch eine Absicht, wenn du sagst, du willst die Lieder eingängig machen.
Volker: Es soll den Kindern Spaß machen, sie nachzusingen. Erstmal sollen sie es leicht haben, sie nachzusingen, auch wenn sie nicht in der Schule eingeübt werden. Sie sollen so eingängig sein, daß sie sie von allein nach dem Theaterbesuch behalten. Das ist der wichtigste Grund für die Eingängigkeit. Und es soll Lust machen, mitzusingen. Deswegen sind die Texte auch in der Regel keine sturen Texte, sondern lustige Texte, in der Umgangssprache der Kinder.
Karin: Sind die Kinderlieder, die ihr geschaffen habt, eigentlich was völlig Neues?
Volker: Ja. Sie sind saloppper als gewohnt. Wir bemühen uns nicht, auf bestimmten musikreformerischen Versuchen aufzubauen, die seit dem 1. Weltkrieg in Schulen oder Musikschulen liefen, sondern wir holen uns zusammen, was Kinder kennen und lieben, auch was wir selber lieben, und probieren es aus. Wir überprüfen bei Kindern, sind die Lieder verständlich, kommen sie an oder nicht.
Karin: Habt ihr da Lieder im Kopf, die Kinder besonders mögen, von denen ihr ausgegangen seid?
Volker: Da hat's uns halt immer verlassen. Ich weiß nur, die üblichen Kinderlieder, die sie gelernt haben in Schule und Kindergarten, sind nicht ihre eigenen, die singen sie sonst nicht. Das, was sie von alleine singen, sind eher die gesungenen Werbezeilen aus dem Fernsehen oder Schlager.
Birger: Ich habe gehört, daß in der Schule im Unterricht gelehrt wird »Bolle reiste jüngst zu Pfingsten . . .« Das wird sehr gerne gesungen von den Kindern.
Volker: Das finden sie toll. Ein witziger Text, gassenhauerähnlich, das singen sie nach, das behalten sie im Kopf, daran haben wir uns ein bißchen gehalten.
Birger: Ich meine, das ist ein Altberliner Song, den kann man schon fast als Volkslied bezeichnen.
Volker: Na, das ist eben Volkslied in einem anderen Sinn: Das sind unsentimentale Lieder, wie sie auch in der 48er Revolution entstanden sind, die vom Text ausgehen, schlagkräftig sind, frech.
Karin: Man kann sagen, daß ihr eure Musik nicht als etwas Wertfreies seht, sondern daß ihr auch in der Musik, nicht nur in der Aussage der Stücke, einen parteilichen Standpunkt bezieht.
Volker: Ja, wobei wir sehr aufpassen, daß keine falschen Töne

reinkommen, daß eben nichts Verlogenes drin ist, vor allem nichts Sentimentales. Wir haben eben auch gemerkt – was die Erwachsenen oft nicht glauben wollen –, daß Kinder gerade diese aggressiven, hart akzentuierten Lieder lieben und nicht so sehr die gefühlvollen der Art, mit denen das Kindertheater früher vollgestopft war.

Karin: Diesen Unterschied müßten wir jetzt deutlicher herausarbeiten, damit kein falscher Eindruck entsteht. Ganz klar unterscheiden sich die GRIPS-Lieder von den Schlagern in ihrem Text und auch in der Musik darin, daß sie nicht einschläfern wollen, die Leute nicht in schönere Welten abziehen wollen.

Volker: Sie haben einen Mutmach-Charakter, d. h. die Stücke fordern auf zu dem, was man Kindern realistisch anraten kann: zur Solidarisierung. Wir versuchen, sie kritikfähig zu machen, selbstbewußt, sonst haut das mit dem Solidarisieren nämlich nicht hin.

Karin: Diesen Inhalten entsprechen die musikalischen Mittel, z. B. gibt es keinen Big Sound.

Birger: Es wird eben nicht dreistimmig gesungen bei uns. Es gibt keine Chöre im Hintergrund, wie man das früher so gern gemacht hat, auch bei Kinder-Musiken heute noch hört, auf Kinderplatten.

Karin: Kannst du mal genauer die musikalischen Mittel beschreiben? Da ist dieser ganz harte rhythmische A-capella-Gesang, der eher eine aktivierende Wirkung als eine eindämmende hat.

Birger: Durch den zeitgemäßen Rock-Rhythmus werden viele Lieder rhythmisch geformt. Ich versuche auch nicht, den Text umzustellen auf Melodien, d. h., die Silben so einzeln verschachteln, daß man nun um der Melodie willen den Text verschiebt.

Karin: Das geht, glaube ich, deshalb auch besonders gut, weil ihr alles vermeidet, was man in der Musik Melismen nennt, daß man auf einer Silbe mehrere Töne singt. Die Musik deutet den Text aus und trägt den Text, jedem Ton ist eine Silbe des Textes zugeordnet. Birger, woher nimmst du deine musikalischen Einfälle? Hörst du dir vorher viele Schallplatten an oder Chansons von Liedermachern?

Birger: Ich spiele Gitarre, ich improvisiere viel. Durch diese Improvisationen entstehen sehr häufig und manchmal schnell, manchmal sehr mühsam, zu dem Text passende Melodien. Ich kann eigentlich nicht sagen, daß ich mich von irgendwelchen Vorlagen inspirieren lasse. Natürlich passiert es manchmal, daß dann im Nachhinein Leute auf einen zukommen und sagen, also Mensch, jetzt nach drei Jahren fällt mir ein, woher du damals die eine Melodie oder die andere Phrase genommen hast. Das fällt mir dann auch erst später auf, daß das dann da von der Ecke her kommen könnte, aber ganz bewußt etwas benutzen, tue ich nicht.

Karin: Du verrichtest aber ganz bestimmte Vorarbeiten, bevor du anfängst zu komponieren. Im Zusammenhang mit *Das hältste ja im Kopf nicht aus* hast du dir sehr genau mit uns allen angehört, welche Musik die Jugendlichen mögen und hören; du hast sozusagen die Musik, die auf der Straße liegt, aufgegriffen, um daran anzuknüpfen und dann deine eigene Musik zu machen.

Birger: Die Jugendlichen haben ganz klare Vorstellungen von Rock-Musik und Schlager-Musik, auf die sie stehen, und da habe ich mich natürlich eingehend informiert.
Karin: Ihr habt da also ein Stück mit einer ganz bestimmten Aussage, und jetzt kommen die Lieder dazu.
Volker: Das beste ist, wenn die Lieder gleichzeitig mit dem Text entstehen. Wir versuchen, schon beim Schreiben, beim Konzipieren genau darauf zu achten, wo welche Lieder hinein sollen. Die Lieder haben ja einen ausgestellten Charakter, sie sind nicht Teil der Handlung wie bei Operetten, sondern stehen am Schluß einer Szene.
Karin: Jetzt drängt sich die Frage auf, warum überhaupt Lieder in den Stücken? Es ist eigentlich nicht üblich, Szenen eines Theaterstücks durch Lieder zu unterbrechen.
Volker: Das hängt erstens mit unserer Kabarett-Tradition zusammen. Ich mache nichts lieber, als Lieder zu schreiben. Zweitens hat es sich bewährt. Es ist das, was Kinder am ehesten mit nach Haus tragen können. Bei *Mannomann!* zum Beispiel können Kinder ganz einfach auf eine schwierige Frage antworten. Wenn gefragt wird: »Warum brüllen sich denn die Eltern so an, und warum ist der Vater so?«, erinnern sie sich an das ganz einfache Lied »Der Chef, der brüllt den Krause an, der Krause brüllt den Vater an . . .« Das haben sie im Ohr behalten, das wird langsam und klar gesungen. Es ist ein Mittel, das viel eindringlicher und eingängiger ist als jedes andere, ohne daß man versucht, den Leuten was unterzujubeln. Wir machen ja keine Stimmungsmusik wie im Kino, sondern eben klare rationale Texte, sinnliche Texte, die mit der sinnlichen Musik eher den Verstand ansprechen.
Birger: Man kann anhand eines Liedes kurz und prägnant zusammenfassen, was vorher schon in drei, vier Szenen gezeigt wurde. Die Lieder dienen der Verdeutlichung.

Pädagogische Nachbereitung von GRIPS-Stücken

Zu allen Stücken seit »Doof bleibt doof« (1973) gibt das GRIPS Theater sogenannte Nachbereitungshefte oder Begleithefte heraus. Sie werden von Pädagogen (in Zusammenarbeit mit GRIPS-Leuten) verfaßt und enthalten Materialien, Vorschläge und Anregungen (z. T. in Form von ausgearbeiteten Unterrichtseinheiten) für spätere Diskussionen. Die beim einmaligen Theaterbesuch empfangenen Eindrücke verlangen eine weitergehende produktive Verarbeitung: die Kinder und Jugendlichen wollen darüber sprechen, ihre eigenen Erfahrungen beitragen, sich Alternativen ausdenken. Das Erlebte kann ihre soziale Phantasie beflügeln, Kontakte verstärken, ihnen helfen, mit ihrer Umwelt besser klar zu kommen. Hier ist das Theater auf die Mitarbeit der Lehrer, Eltern, Erzieher und Freunde angewiesen. Sie ist ebenso wichtig wie der Theaterbesuch selbst. Die Nachbereitungshefte sollen dabei mithelfen. Hier drei Textbeispiele aus solchen Nachbereitungsheften:

I Emanzipation des Mädchens
(zu: »Mensch Mädchen!«)

Haben Sie schon einmal etwas von der Emanzipation der Frau gehört? – Selbstredend. Jeden Tag ist darüber etwas in Zeitungen und Zeitschriften zu lesen oder im Fernsehen zu sehen. Sexuelle Emanzipation, berufliche Emanzipation, familiäre Emanzipation usw. sind doch die üblichen Stichwörter, die heute jede Frau kennt.
Haben Sie schon einmal etwas von der Emanzipation des Mädchens gehört? – Naja . . . also . . . wie?
Die erste Frage scheint überflüssig zu sein. Jeder kann sich unter ›Emanzipation der Frau‹ etwas vorstellen. Die zweite Frage kommt überraschend. Was soll man dazu sagen? Sie ist schwierig zu beantworten.
Bei einigem Nachdenken fallen einem Erziehungsexperimente wie z. B. die der Kinderläden ein: Dort werden Jungen und Mädchen nicht geschlechtsspezifisch – so heißt das wohl – erzogen, sondern völlig gleich. Sexuelle Tabus werden durchbrochen; Mädchen wie Jungen zum Abwaschen, Aufräumen, Bauen und gemeinsamen Spielen angehalten; Mädchen wie Jungen in gleicher Weise vom Erzieher angeredet und behandelt.
Doch bald erleben diese Kinder in der Schule, zumindest in den weiterführenden Schulen, daß der Turnunterricht (der hat etwas mit dem Körper zu tun) getrennt durchgeführt wird, daß es vielleicht Handarbeits- oder Kochunterricht für Mädchen und

Werkunterricht für Jungen gibt. Sie merken, daß Mädchen ganz anders vom Lehrer behandelt werden als Jungen, und sie erkennen, daß es klug ist, geschlechtsspezifisches Verhalten (niedlich sein, furchtlos sein, weinen, einstecken können) taktisch in der Schule wie auch anderswo einzusetzen.

Ich frage mich, wie es den Kinderladenkindern in dieser Umwelt ergeht, da sie so selbstverständlich nach dem Prinzip der Gleichberechtigung der Geschlechter erzogen werden und den Unterschied von Mann und Frau nur als natürlichen, lustbringenden geschlechtsbezogenen Unterschied kennengelernt haben? Sind das die Kinder, die die ernste Sache der Emanzipation der Frau als wichtigen Bestandteil der gesellschaftlichen Emanzipation einmal vorantreiben werden?

Und wie ergeht es der großen Mehrzahl der Kinder, die schon früh in der Familie gelernt hat, was ein Junge zu tun hat und was ein Mädchen lassen muß? Sind diese Kinder besser ›für das Leben‹ vorbereitet? Oder sind sie nur angepaßt, unfähig, die Emanzipation der Frau zu einer wichtigen sozialen Aufgabe zu machen?

Wer fortschrittlich ist – und soviel Aufgeschlossenheit beanspruchen inzwischen viele Bürger für sich – wendet sich gegen geschlechtsspezifische Erziehung und meint damit: In meiner Familie ist das schon ganz in der Ordnung: Der Mann geht auch einkaufen, macht ebenfalls den Abwasch, und die Frau geht auch zur Arbeit, und bei den Kindern kann man im Aussehen und Verhalten kaum unterscheiden, wer Junge, wer Mädchen ist.

Ich bin gegen diese Gleichmacherei, ich bin für geschlechtsspezifische Erziehung. Sie erst ermöglicht die Emanzipation des Mädchens als Vorstufe zum Emanzipationskampf der Frauen. Damit soll nun in keinem Fall ein feministischer Standpunkt eingenommen werden, der Emanzipation als Geschlechterkampf versteht. Erst recht nicht darf diese Forderung mit der Haltung jungdynamischer Konservativer verwechselt werden, die vom Selbstbestimmungsrecht der Frau reden und gegen die Abschaffung des § 218 mit dem Bischof von Fulda oder dergleichen demonstrieren.

Es geht um die Stärkung der Position der Frau als Voraussetzung zur gesellschaftlichen Gleichstellung der Geschlechter. Sie beginnt mit der Emanzipation des Mädchens. Kampf für diese Gleichheit bedeutet zuerst: Herstellung der Ungleichheit. Geschlechtsspezifische Erziehung in diesem Sinne heißt Parteilichkeit der Erziehung für die Mädchen, für die Frauen!

Wo jahrhundertelang die Unterdrückung der Mädchen und Frauen herrschte und noch immer gesellschaftliche Praxis ist, läßt sie sich nicht durch eine Erziehungsmethode beseitigen, die Frau und Mann, Junge und Mädchen schlicht zu gleichen Menschen erklärt und sie so behandeln will. Es muß jetzt die Ungleichheit in der Erziehung der Geschlechter herrschen. Die Mädchen müssen erst einmal lernen, ihre Interessen überhaupt zu erkennen, Durchsetzungsvermögen zu erwerben, Solidarität der Mädchen untereinander und Widerstandsfähigkeit gegen eine vom Mann bestimmte und geführte gesellschaftliche Ordnung auszubilden.

Das Nahlernziel dieser parteilichen Erziehung läßt sich mit der berühmten Geschichte von den Weibern von Weinsperg deutlich beschreiben. Von den Belagerern ihrer Stadt bekamen die Frauen die Erlaubnis, je ihr teuerstes Gut aus der Stadt frei und unbehelligt herauszutragen. Der Legende nach trugen alle Frauen ihren Ehemann auf dem Rücken aus der Stadt heraus und retteten so ihre Männer.
Brecht berichtet in seinen Eulenspiegel-Geschichten *(Gesammelte Werke, Bd. 11, S. 368)*, daß sich dieser Vorgang anders zugetragen habe. Diese Geschichte kann auch als Diskussionstext im Unterricht verwendet werden.
»Jedermann kennt aus den Lesebüchern die rührende Geschichte von den getreuen Weibern von Weinsperg, die ihre Ehemänner auf den Rücken aus der belagerten Stadt trugen. Aber der Eulenspiegel war dabei und hat gesehen, wie die Weiber mit ihren Lasten im Bauernlager ankamen. Es ist ganz wahr, daß die Bauern den Weibern erlaubt hatten, von dem was ihnen am teuersten ist, so viel aus der Stadt zu bringen, als sie auf dem Rücken schleppen konnten. Aber als man ihnen in die Säcke schaute, stellte sich heraus, daß die Klügeren da drin nicht ihren Ehemann, sondern das schwerer zu ersetzende Bettzeug, und nicht den Bischof, sondern die wertvolleren goldenen Meßgeräte gerettet haben. Eulenspiegel stand am Lagertor und verbeugte sich vor jedem Weib, dessen Sack keinen Bürger enthielt.«
Was hat diese Geschichte, was haben diese Forderungen für die geschlechtsspezifische, und das soll ja heißen für die parteiliche Erziehung der Mädchen, mit dem Stück zu tun?
Es fällt mir als Mann nicht leicht, das einzusehen, aber Stück und Inszenierung machen deutlich, daß die Solidarität der Mädchen und Jungen nur zu gewinnen ist, wenn zuerst die Solidarität der Mädchen eingeübt und praktiziert wird. Mit anderen Worten: Zuerst einmal muß den Jungen – im Stück steht für die Jungen der Bruno – ein Zacken aus ihrer Krone gebrochen werden. Die Mädchen schaffen das zwar nicht ohne List und auch nur zu dritt, doch sie besiegen den Bruno im Kampf. Zwar nicht selbstverständlich und manchmal auch ein bißchen hilflos, doch sind die Mädchen fähig, einen geheimen Club zu gründen, eine Rakete zu bauen, zusammenzuhalten – so wie Jungen.
Aber damit ist ihre Emanzipation noch nicht ereicht. Konfrontation zwischen den Geschlechtern, das führt uns das Stück in aller Deutlichkeit vor, wird nur dann zu einem produktiven Konfliktfall, wenn die einzelnen Parteien sich einem Lernprozeß nicht verstellen. Die Verkleidungsszene und ihre Folgen zeigen uns die Angelpunkte auf, wo die Unterdrückung der Frau und die sozial beherrschende Stellung des Mannes beginnen: die Mädchen gehören ins Haus (Betten beziehen, adrett sein), die Jungen in den Beruf (Tüchtigkeit, Durchsetzungsvermögen usw.). Die Maxime die dahinter steckt, lautet: Nicht nach Fähigkeiten, die in den Menschen stecken, wird erzogen, sondern nach ihren Vorstellungen von den Geschlechtern.

Durch ihre Erlebnisse während der Verkleidungsgeschichte beweisen die Mädchen und Bruno, wie falsch dieses Denken und Handeln der Erwachsenen ist. Zugleich verändern die Kinder sich selber: Von diesem Zeitpunkt ab beginnen Junge und Mädchen entschlossen zusammenzuhalten.
Damit ist eine neue Dimension von Emanzipation im Stück erreicht. Im ersten Teil des Stücks, bis zur Verkleidungsszene, war die Emanzipation der Mädchen gegen den Herrschaftsanspruch des Bruno gerichtet und hatte zum Ziel, den festen Zusammenschluß der Mädchen zu erreichen und ihr Selbstbewußtsein zu stärken. Jetzt im zweiten Teil, geht es um die Durchsetzung sozialer Interessen, die alle Kinder betrifft (Spielplatz); es geht um die Propagierung der Kooperation und Solidarität zwischen Jungen und Mädchen, zwischen Mann und Frau; es geht darum, gesellschaftliche Interessen so zu begreifen, daß sie gemeinsam beide Geschlechter angehen und gemeinsam von beiden nur durchgesetzt werden können.
In diesem zweiten Teil des Stückes steckt seine Utopie. Im Kampf der Mädchen gegen den »Störenfried« und »Möchte-gern-Boß« Bruno ist die realistische Seite, die tatsächliche Siuation der Mädchen dargestellt. Ihr sind die Mädchen von seiten der Erwachsenen und der Jungen täglich ausgesetzt. Deshalb sollte die erste Aufgabe im Erziehungsprozeß sein, dieses Selbstbewußtsein der Mädchen im Stück – auch gegen die Jungen – zu entwickeln und zu bestärken. Das ist hier mit geschlechtsspezifischer und parteilicher Erziehung gemeint. Die utopische Dimension des Stückes, der gemeinsame Kampf von Mädchen und Jungen um soziale Interessen ist jedoch nicht weniger realistisch. Diese Utopie darf nicht auf den Sankt-Nimmerleins-Tag verschoben werden. Sie muß unabdingbarer Bestandteil der parteilichen Erziehung der Mädchen sein. Wenn die realistisch-utopische Perspektive der Solidarität von Mann und Frau in der Erziehung aus dem Auge verloren wird, ist eine emanzipatorische Erziehung auf Sand gesetzt, sie wird zu einem unsozialen, darwinistischen Geschlechterkampf führen. Der Kampf der Geschlechter aber kann nur die gemeinsame Sache sein: die Gesellschaft so einzurichten, daß Mädchen und Junge allseitig ihre Fähigkeiten entwickeln können. Hier erst kann die wahre Emanzipation der Menschen beginnen.

Jörg Richard

(Aus: Nachbereitungsheft VI zu »Mensch Mädchen!«)

II Stückbeschreibung und Nachbereitung

(zu »Ein Fest bei Papadakis«)
Die Lehrerstudentin Marie-Luise Bluhm konnte in der Grundschule bei verschiedenen Hospitationen feststellen, daß Lehrer sich mit Hilfe des Unterrichtsgesprächs auf eine den Inhalt des Stückes

und die Einstellungen der Stückpersonen wertende Nacherzählung beschränken. Zum Schluß der Stunde wird dann zum Teil noch Gelegenheit gegeben, einzelne Szenen im freien Rollenspiel improvisierend nachzuspielen. Welche Lernerfolge wurden mit dieser Methode erzielt? Sie berichtet:
Während meiner Hospitationen wurden durchweg nur Unterrichtsgespräche und manchmal auch Rollenspiele in den Nachbereitungen durchgeführt.
Das Unterrichtsgespräch verlief nach dem fragend-entwickelnden-Verfahren. Was bedeutet das in der Unterrichtspraxis? Der Lehrer hat mehr oder weniger fest umrissene Zielvorstellungen seines Unterrichts, die er versucht, mit Hilfe seiner Fragestellungen durchzusetzen. Er hebt Antworten, die in sein Konzept passen, besonders durch Lob hervor, negiert andere durch Bemerkungen wie:
»Ja, das ist auch richtig, aber wer kann noch etwas anderes dazu sagen?« Oder er stellt letztlich Suggestivfragen, auf die nur noch eine Antwort möglich ist. Zum Beispiel, Lehrer: »Wenn nun ein Türke ... kommt, der nimmt ja seine Frau mit und der bekommt ja auch hier Kinder und dann reicht ein Zimmer nicht mehr aus, was müssen die also haben?« Antwort der Schüler: »Ne größere Wohnung.«
In den Unterrichtsgesprächen wurden von den Schülern meistens zahllose einzelne Eindrücke aus dem Stück addiert und blieben mehr oder weniger beliebig nebeneinander stehen. (Das gleiche gilt für die eigenen Erfahrungen, die die Kinder in das Gespräch einbrachten). Typisch dafür ist folgendes Gesprächsmuster: »Ich fand das schon ganz gut, wo der Herr Muller gesagt hat, die Griechen also die stinken.« – »Fand ich auch gut, wo er dann abends nach Hause kam.« – »Ich fand des gut, wo se da des Spiel gemacht haben.« Diese Kette ließe sich lange weiterzitieren. Man muß sich fragen, welchen Lerneffekt ein solches Gespräch hat, außer daß die Schüler eine gewisse Freude am freien Reproduzieren und Assoziieren haben können.
Das didaktische Mittel »Rollenspiel« wurde manchmal vom Lehrer als »Krönung des Genusses« eingesetzt. »Spielt mal, was euch am besten gefallen hat«, lautet die Aufforderung des Lehrers. Ergebnis ist ein bloßes unreflektiertes Nachspielen von Szenen aus dem Stück. Es fehlt den Schülern die Fähigkeit, Bezüge und Zusammenhänge im Spiel darzustellen zu können. Vom Lehrer erfahren sie dazu keine Unterstützung.
Diese auffälligsten (und symptomatischsten) Vorgehensweisen in der Nachbereitung vom *Fest bei Papadakis* haben verallgemeinert wiederum einige wichtige Resultate, die die Schüler betreffen. Zunächst wurde deutlich, daß sich die Erwartungshaltung der Lehrer bezüglich der Gastarbeiterproblematik sehr häufig bei den Schülern durchsetzte. Da Lehrer im allgemeinen über keine konkreten Erfahrungen mit Gastarbeitern im täglichen Leben (d. h. auch Wohnbereich) verfügen, ist ihr Anspruch mehr moralischer Art. Sie verlangen den Schülern eine moralische Anpassung an ihre

Wertnormen ab. Zur Unterstützung wird häufig das Theaterstück herangezogen: »Das Stück wollte uns ja nun auch zeigen, daß man zu einem guten Zusammenleben kommen kann ...« Ohne genauer hier darauf einzugehen, kann festgestellt werden, daß Argumentationen vom Lehrer wie »die Gastarbeiter bringen uns Wohlstand, weshalb sind wir dann so gemein zu ihnen?«, nur ein moralischer Appell an die Schüler ist, deren konkrete Erfahrungen mit ausländischen Kindern ganz anders aussehen. Sie müssen erst selbst positive Erfahrungen mit ausländischen Kindern machen, damit ihre Einsicht in die Gastarbeiterproblematik nicht nur dem Lehrer zuliebe stattfindet.
Eine bloß aufgesetzte Emanzipation, ihr völlig verbaler Charakter entlarvt sich in der folgenden Schüleräußerung: »Die Ausländer sind auch Menschen und man soll se nicht verachten.« Oder der Lehrer: »Wie nennt man so etwas, wenn man von jemand anderen etwas annimmt und ihn von vornherein im Grunde schlecht macht, obwohl man gar nichts von ihm weiß? Was hat man dann?« – Antwort der Schüler im Chor: »Vorurteile!«
Lernziel erreicht??!

Jörg Richard

(Aus: Nachbereitungsheft III zu »Ein Fest bei Papadakis«)

III Unterrichtserfahrungen einer Lehrerin nach dem Besuch von »Banana«

GRIPS: *In welcher Schule unterrichtest du?*
Ingrid: In einer Realschule im Wedding. Ich habe das Stück mit verschiedenen Kursen angesehen, worüber ich jetzt reden will, das ist ein achter Kurs. Alter: dreizehn bis vierzehn. Die Schüler im Wedding haben für Armut einen ganz bestimmten Draht, auch wenn sie durchaus herausstellen, daß Armut bei uns etwas ganz anderes ist als im Stück dargestellt. Aber ihre Reaktionen auf derartige Verhältnisse sind so, daß man klar merkt, daß es sich um Arbeiterkinder handelt. Unser Schulleiter beliebt sie »Kinder der ersten Generation« zu nennen, weil in der Regel die Eltern stolz darauf sind, daß zum erstenmal ein Kind aus der Familie in der Realschule ist.
GRIPS: *Was gibst du in diesem Kurs für einen Unterricht?*
Ingrid: Das ist der deutsch-musische Kurs, D-Kurs genannt. Ich geb da vier Stunden in der Woche.
GRIPS: *Gehst du mit den Schülern auch in andere Theater?*
Ingrid: Ja schon, aber die Auswahl ist nicht groß. Wenn es das GRIPS nicht gäbe, hätten sie von sich aus auch wenig Lust dazu. Grundsätzlich gehe ich davon aus, daß bei ihnen die Bereitschaft entwickelt werden sollte, im Theater eine Möglichkeit zu erkennen,

daß da etwas abläuft, was sie auch betrifft. Was man leider nicht von vielen Theatern sagen kann. Ich war mit der Gruppe auch in der ROTEN GRÜTZE, in dem neuen Stück *Was heißt hier Liebe?*. Ich hatte mal mit einer andere Gruppe Euer Stück *Mannomann!* aufgeführt, das hat diese Gruppe, über die wir jetzt sprechen, gesehen; da waren die sehr begeistert. Inzwischen gehen sie in alle GRIPS-Stücke, auch wenn wir sie im Unterricht nicht durchnehmen. Sie haben inzwischen auch ein sehr gutes Verhältnis zum Theater. Wenn z. B. Schüler aus anderen Kursgruppen, die noch nie im GRIPS waren, mitkommen, dann erzählen sie denen gleich: »Brauchst dich aber nicht fein zu machen«, früher haben sie sich für Theaterbesuche auch schön gemacht.

GRIPS: *Haben die Schüler gewußt, daß nachher Unterricht über das Thema des Stückes gemacht werden soll?*

Ingrid: Ja. Während sie aber sonst, z. B. nach dem Besuch von Filmen, gern sagen, das reicht, jetzt haben wir den Film gesehen und wollen nicht auch noch darüber sprechen, haben sie selbst das Bedürfnis, nach dem Besuch im GRIPS, noch etwas zu sagen, sich mit dem Stück auseinanderzusetzen.

GRIPS: *Hast du vor dem Theaterbesuch mit der Gruppe schon darüber gesprochen?*

Ingrid: Ich hatte mit dieser Gruppe schon die Fragebogenaktion durchgemacht, die von Euch angeregt worden war, insofern war den Schülern klar, es wird über Südamerika noch etwas auf uns zukommen. Ansonsten hab ich das Stück mit der Gruppe nicht weiter vorbereitet, hatte mich nur selbst auf die Problematik eingestellt. Es war klar, daß wir an diesem Besuch eine Unterrichtseinheit aufhängen würden.

GRIPS: *Der Theaterbesuch war also der Anfang einer geplanten Unterrichtseinheit über Lateinamerika?*

Ingrid: Ja. Das ist aber nicht immer so, manchmal beginne ich mit der Unterrichtseinheit früher, und gehe dann ins Theater.

GRIPS: *Wie hat die erste Unterrichtsstunde nach dem Besuch des Stückes ausgesehen?*

Ingrid: Die Schüler fingen damit an, daß sie selbst bestätigten, was an der Aufführung besonders gut war. Es waren ganz besondere Kernstellen, die besonders witzig waren, und da zwei oder drei aus der Gruppe nicht mitgehen konnten, wurden diese Stellen ihnen immer wieder erklärt. Da wurde auch deutlich, daß bestimmte Dinge durchaus verschieden aufgenommen und verstanden wurden. Daraus ergaben sich dann Fragehaltungen. Aber die Schüler fingen nicht von sich aus mit Fragen an. Sie haben sich zum Teil nicht mehr richtig erinnert, z. T. hatten sie aber unterschiedliche Interpretationen, und diese Fragen haben wir dann systematisch gesammelt. Daraus ergaben sich dann die Schwerpunkte für den weiteren Unterricht.

GRIPS: *Erinnerst du dich noch, was die ersten spontanen Äußerungen waren? Welche Szenen am besten haften geblieben waren?*

Ingrid: Ganz stark die Lieder also: das IPP-Lied von Casimiro und seine Umdichtung. Da hatten sie aber das Problem, das fanden sie

ganz dufte, wie der das gemacht hat, das haben sie wochenlang auf dem Gang gesungen, sozusagen als Erkennungsmelodie der Gruppe – aber im Gespräch kam dann raus, daß sie das eigenlich für unwahrscheinlich hielten. Einmal, daß er dadurch sich rausreden könnte und zum anderen, daß ihm sowas gleich einfällt. Aber sie fanden es großartig gemacht.
Woran sie sich auch besonders erinnerten, waren alle Polizisten oder Antreiber, diese Gestalten sind in allen Gesprächen sehr stark aufgenommen worden. Obwohl sie wußten, daß das immer andere Personen waren, hatten sie doch zuweilen Mühe auseinanderzuhalten, daß der Vater von Cornelia nicht derjenige war, der auf der Plantage mit dem Ramón gekämpft hat. Aber das war auch eine Interpretationshilfe, insofern, als sie diese beiden zusammen gesehen haben. Dadurch haben wir aber im Unterricht gut klären können, warum Cornelias Vater sich zu dieser Antreiberarbeit viel zu fein wäre. Sie kamen aber schnell drauf, daß dieser Antreiber sicherlich mehr verdient als die Plantagenarbeiter, obwohl er eigentlich – und das haben die Schüler ganz einfach formuliert – obwohl er eigentlich auch Arbeiter ist und zu den Arbeitern gehört. Daß der ein weißes Hemd anhatte, haben sie sofort auf die Angestellten mit den weißen Kitteln übertragen. »Das sind eigentlich auch nur Arbeiter, aber die sind bestochen.« »Der kriegt mehr Geld und peitscht dafür die Leute aus, zu denen er eigentlich gehört.«
GRIPS: *Hatten sie bei den anderen Rollen, die jeweils vom gleichen Schauspieler gespielt wurden, auch das Problem?*
Ingrid: Nein, überhaupt nicht. Damit haben sie grundsätzlich keine Probleme. Das lag nur daran, daß der (Helmut Krauss) immer nur Bösewichter spielte.
GRIPS: *Wie ging's nach der ersten Stunde weiter?*
Ingrid: Wir hatten die Fragen, die in der ersten Stunde aufgetaucht waren, an die Wand geschrieben, und leiteten davon unsere Schwerpunkte ab. Wir setzten mit dem Ende des Stückes an, mit dem Satz: »Du kannst soviel erzählen wie du willst, mein Kind. Das glaubt dir in Deutschland doch keiner!« Die Schüler bekamen die Aufgabe, eine Szene zu entwickeln, in der Cornelia das macht, was sie in der Szene ankündigt: Dann »erzähl ich in Deutschland, daß ihr hier Leute einsperren laßt . . .« Den Schülern hat das großen Spaß gemacht, sie machten zu Hause einen Entwurf, kamen mit dem Entwurf in die Klasse, haben das in Gruppenarbeit durchgeführt, in Gruppen von drei bis fünf, und diese Entwürfe dann der Gesamtgruppe vorgestellt und begründet. Eine Gruppe hat das so gelöst: Cornelia ist zurück in Deutschland, trifft ihre Freundin und erzählt, was sie in Südamerika erlebt hat. Petra, ihre Freundin ist skeptisch, meint, da müßte man was unternehmen, und sagt: »Wir setzen einen Artikel in die Zeitung, und sagen dann die Wahrheit!« Alle sind einverstanden. Als sie aber ihren Eltern von dem Vorhaben erzählt, lehnen diese das strikt ab und sagen: »Das stimmt doch gar nicht, und wenn doch, dann bekommen wir vielleicht noch Ärger.« Petra darf also nicht mitmachen, sie soll die

Finger davon lassen. Cornelia selber wird auch unsicher: »Vielleicht haben sie recht – aber ich werde doch etwas unternehmen.« Sie geht zur Zeitung, aber dort sagt man ihr: »Das glaubt doch kein Mensch, oder glaubst du, ich will mir das Geschäft vermiesen.« Bei anderen Zeitungen geht es genauso. Aus. »Jetzt weiß Cornelia nicht mehr, was sie tun soll.«
Also insgesamt Resignation, es glaubt's ja doch keiner, auch wenn es hundertmal die Wahrheit ist.
Die Gesamtgruppe war bei diesem Vorschlag unheimlich sauer. Die sagten: »Ist euch denn gar nichts anderes eingefallen?« Die waren über diese Haltung der Resignation stocksauer.
GRIPS: *Hat sich dabei für die Schüler irgendwann mal die Frage gestellt, daß sie ja auch nicht unbedingt zu glauben haben, was ihnen im Theater vorgesetzt wurde?*
Ingrid: Überhaupt nicht. Sie hielten das, was auf der Bühne gesagt wurde, für richtig. Sie waren dadurch in der Position des Schlaueren. Die anderen glauben's nicht, aber wir wissen's. Ich hab das versucht, aufzunehmen, indem ich mit ihnen die Kritiken in den Zeitungen auszugsweise gelesen habe, um da anzusetzen, daß sie das nicht alles nur aufzunehmen haben, wie sie's sehen.
Die andere Gruppe löste das so, indem die Freundin, diesmal hieß sie Ina, die Cornelia nach dem Leben in Südamerika ausfragte. Da schaltet sich ein Mann in das Gespräch ein und sagt: »Sollen sie überhaupt froh sein, daß sie da Arbeit bekommen!« Cornelia beruft sich darauf, daß sie dort gelebt hat und es besser weiß, und schafft es, daß die Ina Interesse daran hat, mehr darüber zu erfahren. Der Vater von Ina ist bei einer Zeitung, und der hilft ihnen: »Wenn das stimmt, was du mir da erzählt hast, dann könnte man vielleicht einen Leserbrief veröffentlichen, damit die Leser erfahren, wie es den Bauern und Arbeitern wirklich dort ergeht.« Die Schüler hatten dann das Bedürfnis, daß darüber nicht nur berichtet wird, sondern daß man auch hilft, also wird auch ein Spendenkonto angegeben.
Dieser Entwurf wurde sehr gut aufgenommen, aber von den Schülern auch sehr selbständig kritisiert. »Das ändert das Leben dort nicht, wenn bei uns hundert Leute spenden.« Das haben wir dann aufgenommen in dem Teil der Unterrichtseinheit: Wer hilft dort eigentlich? Diese Länder werden sich selber helfen.
In einem anderen Entwurf tritt die Conelia ganz bewußt auf, läßt sich durch nichts erschüttern: »Die Leute dort haben kaum etwas zu essen, satt wird keiner, sie müssen so viel arbeiten, daß sie keine Zeit mehr haben, sich zu wehren.« Auch beeindruckt sie die Kinderarbeit sehr. Die Mutter der Freundin sagt dann: »Warum zeigen sie im Fernsehen immer nur die schicken Strände und nicht die Armut der Leute? Man kann es ja schließlich nicht wissen, daß es ihnen drüben so schlecht geht.« Die Freundin sagt dann: »Wenn wir in Deutschland alles wüßten, würden die großen Firmen nichts mehr verdienen.«
GRIPS: *In den Entwürfen hält sich Cornelia eng an den Satz im Stück, daß sie den Leuten in Deutschland erzählen wird, wie es in*

Lateinamerika wirklich zugeht. Aber Cornelia hat doch auch den Pater Emiliano und die Lehrerin Elena erlebt, hat erlebt, daß es in Lateinamerika Widerstand gibt gegen die Unterdrückung und Ausbeutung, Leute, die also die Zeit dafür aufbringen, sich zu wehren. Hat sie in den Entwürfen darüber nie etwas berichtet?

Ingrid: Der Ansatz wurde gesehen: aber ungefähr mit den Worten: »Da gibt es ein paar Leute, aber schon die paar müssen sich verstecken.« Das muß im Unterricht durch andere Texte, also Texte außerhalb des Stückes stärker unterstützt werden. Ich habe dazu anderes Material verwendet. Das liegt sicher auch am Stück: Sie wird ja zum Schluß nicht dargestellt als jemand, der da nun plötzlich einen großen Durchblick hat. Wenn der Widerstand genannt wurde, dann in Andeutungen, aber nicht so, daß man eine starke Bewegung vermuten konnte.

Aber es gab noch einen Vorschlag, der am heftigsten kritisiert wurde: Die Zeitung bringt den Text und Cornelias Vater wird strafversetzt. Er muß zurück nach Deutschland und kriegt keine gute Arbeit mehr. Da fing die Gruppe wild an zu lachen und sagte: »Ich seid ganz schön doof, das läuft doch nirgends auf der Welt.« Daß auf die Weise Gerechtigkeit herstellbar wäre, das war für alle keine Frage. Interessant aber doch, daß zumindest vier mal dachten, so was darf eigentlich nicht sein, das müßte sich doch lösen lassen. So ein Bedürfnis nach Gerechtigkeit. Hier muß ich noch sagen, ich hab da zwischendurch mal einen großen Fehler gemacht: Den Schülern in der 8. Klasse ist ja in der Regel das Ausmaß von Konzernen und Monopolen nicht klar, und ich hab versucht, an Einzelbeispielen, z. B. was dem VW-Konzern dort alles gehört, den Schülern eine Vorstellung zu vermitteln, welche Macht dort tatsächlich so ein Konzern hat. Aber das hat eher bewirkt, daß die Schüler am Ende sagten: »Ja, aber dann können die dort doch überhaupt gar nichts mehr machen.« Es ist also wichtig, daß man da das Maß hält, das ist mir in der Gruppe nicht mehr gelungen. Die haben für sich den Schluß gezogen: »Dann sind die arm dran, dann können die nicht.«

GRIPS: *Würdest du daraus auch eine Kritik am Stück ableiten, daß die Allmacht des IPP-Konzerns im Stück sehr ausführlich dargestellt wird, während die Widerstandselemente zu wenig gewichtet werden?*

Ingrid: Ich bin mir da nicht sicher. Ich könte mir vorstellen, daß das auch durch eine Kritik an dem, wie ich das angegangen habe, zu beheben wäre. Ich glaube aber, wenn es im Stück eine Szene gäbe, in der deutlich wird, wie die dort im Widerstand arbeiten, wie deren Widerstand aussieht, nicht nur so in Andeutungen, wie in der Szene, wo die Meldung im Radio kommt, daß es dann für die Schüler greifbarer würde, was Widerstand ist.

GRIPS: *Wir hatten ja einmal daran gedacht, die beiden Szenen, in denen Emiliano und Elena vorkommen, in einer Druckerei spielen zu lassen, wo Flugblätter hergestellt werden,um wenigstens eine konkrete Form von Widerstand zu zeigen.*

Ingrid: Das wäre bestimmt besser als nichts gewesen. Vielleicht hätte auch einer ankommen können, der berichtet, wo sich Leute versammelt haben, wieviele das sind, ob das gestern weniger waren – etwa in der Form könnte ich mir das vorstellen.

GRIPS: *Wie verliefen die nächsten Stationen in der Unterrichtseinheit?*

Ingrid: Wir haben eine Stunde über Kapitalexport gemacht. Ich hatte Folien vorbereitet über Europa und Lateinamerika. Da waren die Schüler sauer: »Auweia, jetzt wirds ganz furchtbar Schule!« »So ein Scheiß! Export – Import – wir haben doch hier nicht Wirtschaft!« Das konnte ich nur retten, indem ich wieder bei Sätzen aus dem Stück anknüpfte, z. B. daß Pancho und Casimiro VW kennen. Oder ganz konkrete Beispiele aus dem Leben der Schüler: damals wurde gerade das Zweigwerk Ackerstraße von AEG geschlossen, und ich brachte einige Zahlen, wie die Produktion gestiegen ist. Und um wieviel die Arbeitsplätze hier abgebaut werden. Dann fingen sie an, von zu Hause zu erzählen: »Meine Tante arbeitet dort auch nicht mehr« oder »Mein Vater ist jetzt auch arbeitslos«. Dann haben die Zahlen plötzlich ein Gewicht, dann wird klar, daß die Konzerne die Arbeit dort von billigeren Arbeitskräften machen lassen. Dann wird klar, warum überhaupt Unternehmer dort investieren. Da haben die Schüler dann sofort am Unterricht weiter mitgemacht.

4. Phase: Warum leben in reichen Ländern arme Menschen?

Ein anderer Schwerpunkt war der: Warum leben in reichen Ländern arme Menschen? Ausgangspunkt der Schüler war: Wir sind reich, unser Land ist reich, und die sind arm. Dann hatten sie die Aufgabe, aus dem Atlas Bodenschätze rauszusuchen, und stellten überrascht fest, daß diese Länder mehr Bodenschätze haben als wir, daß wir eigentlich in viel höherem Maße auf Importe angewiesen sind als die. Da waren sie sehr verblüfft, das hat sie stark beeindruckt. Es wurde ihnen darüber sehr eindrücklich, daß wir diese Länder ausbeuten. Wir haben dann Rohstoffpreise und Maschinenpreise verglichen und zeigen können, wie diese Länder an unsere Wirtschaft angebunden werden, von unserer Wirtschaft abhängig gemacht werden. Daß sie für ihre Lieferungen nicht das Geld bekommen, was es uns wert ist, sondern daß das an unseren Export gekoppelt ist.

GRIPS: *Und wie verlief der letzte Teil der Unterrichtseinheit?*

Ingrid: Die letzte Frage hieß: Wer hilft? Wer hilft überhaupt. Das Ziel war: Diese Länder müssen sich helfen! Wir müssen begreifen, daß dort dieselben Prinzipien durchgesetzt werden, wie sie bei uns auch bestehen. Und wenn es uns besser geht, dann hängt das damit zusammen, daß es denen schlechter geht. Und daß Solidarität nicht darin zum Ausdruck kommen kann, daß man eben mal was spendet und damit sein Gewissen beruhigt, sondern daß das politische Aufgaben sind, die wir hier zu bewältigen haben und die dort.

GRIPS: *Du warst mit einem Teil der Grupe noch ein zweites Mal in der Aufführung. Hast du feststellen können, daß sich durch den Unterricht etwas an der Sehweise der Schüler geändert hat?*

Ingrid: Das Stück hatte sich überhaupt nicht verschlissen. Im

Gegenteil. Sie haben viel heller Nuancen aufgenommen, haben Dinge gesehen, die sie beim erstenmal nur diffus wahrgenommen hatten. Zum Beispiel die Differenzierung mit den beiden verschiedenen Rollen, die die Kirche in Lateinamerika spielt. Das haben sie erst beim zweitenmal richtig verstanden. Vorher hatten sie natürlich gemerkt, daß einer für die Armen war und einer gegen sie, aber sie hatten noch nicht durchschaut, daß sich Teile der Kirche dort mit dem System arrangieren, während einzelne Pfarrer sich ganz eindeutig auf die Seite des Volkes stellen.

GRIPS: *Es wird uns manchmal vorgeworfen, daß eine schulische Nachbereitung den Kindern den Spaß an der Aufführung im Nachhinein vermiesen könnte, daß sie nach einer solchen Erfahrung keine Lust mehr haben könnten, jemals wieder in eines unserer Stücke zu gehen.*
Ingrid: Das stimmt überhaupt nicht. Natürlich ist es Quatsch, wenn der Lehrer nach dem Besuch die Stunde anfängt mit: »So, und was haben wir jetzt gesehen?« Das ist aber auch keine Nachbereitung in dem Sinne, wie ich sie für sinnvoll halte. Das ist genau der Quatsch, der eine lange Tradition hat, z. B. wenn man in Ferien war, dann einen Aufsatz schreiben läßt: »Was habe ich in den Ferien erlebt?« Das ist Aufsatz, ist Schule, und wird klar abgelehnt.
So wie wir die Nachbereitung betreiben, ich kenn da viele Lehrer, die genau meiner Meinung sind, das geht gar nicht, daß ein Schüler nach dem Theaterbesuch gar nichts zu sagen hat. Jeder redet von seinen Eindrücken und es gibt ja bei euren Stücken immer eine Menge zu lachen, und eine Menge anderer Szenen machen betroffen. Die Schüler sagen dann: »Das hätte ich auch so gemacht.«
Ich habe oft erlebt, wenn ich Karten für andere Gruppen besorgt habe, daß die Schüler, die bereits Unterricht darüber mitgemacht haben, sagten: Wir wollen noch ein drittes oder viertes Mal reingehen. Auch die Tatsache, daß die Schüler im Unterricht selbst Szenen spielen, verbindet die ungemein. Eine, die einmal in einer solchen Szene selbst die Cornelia war, sieht dann die Aufführung mit anderen Augen. Sie sieht mehr in der Aufführung und begreift auch ansatzweise, was Theater ist oder sein kann.
Es ist ein doppelter Spaß, den die Kinder bei euren Aufführungen haben: der Spaß zuzugucken, sich an Witzen, komischen Situationen zu erfreuen und der Spaß, dabei zu lernen, wie Brecht fordert.
(Aus: Nachbereitungsheft IX zu »Banana«; Ingrid Huss wurde von Wolfgang Kolneder interviewt)

Kurze Beschreibung der Anti-GRIPS-Kampagne (Aus einer Dokumentation des GRIPS Theaters vom März 1978)

I.

Als im Mai 1975 der bekannte Steylitzer GRIPS-Forscher und CDU-Jugendstadtrat Klaus-Dieter Friedrich das Stück *Mensch Mädchen!* für seinen Bezirk verbot und zum Amoklauf gegen das GRIPS Theater ansetzte, machte er damit sich und seinen Bezirk bis ins Ausland hinein als eine Art neues Schilda bekannt. Sechs Jahre lang waren sämtliche GRIPS-Stücke im 1. Fernsehprogramm ausgestrahlt, in 17 Sprachen übersetzt, 230mal nachinszeniert, regelmäßig von Stadtvätern CDU-regierter Städte eingeladen worden; an die hundert Examensarbeiten sind inzwischen über dieses Theater geschrieben worden. Dennoch hatte bisher kein noch so konservativer Pädagoge oder Theaterfachmann das aufspüren können, was sich nun ein christdemokratischer Stadtrat und die »Berliner Morgenpost« als Originalerfindung patentieren lassen können: die Entdeckung nämlich, GRIPS betreibe mit seinen Stücken »kommunistische Indoktrination«. »linksradikalen Agitprop für geistig wehrlose Kinder«, GRIPS sei »der Repräsentant dieser ganzen bolschewistischen Kulturrevolution« (CDU-Bezirksverordneter Tietze), GRIPS »züchtet« mit seinen Stücken »einen Haufen politische Psychopathen heran, arme Typen, die eines Tages an sich selbst zerbrechen werden; vorher werden sie noch anderes zerbrochen haben« (»Morgenpost« in einem Sechsspalter vom 11. 2. 1976). Die Dümmlichkeit dieser Behauptung ließ uns anfangs amüsiert zur Tagesordnung übergehen. Doch bald mußten wir feststellen, daß sich die gesamte Berliner CDU auf das geistige Niveau dieser Rufmordkampagne herabbegab und im Abgeordnetenhaus, in den Ausschüssen, in der Presse mit einem Dauertrommelfeuer versuchte, die Existenz des GRIPS Theaters zu vernichten; assistiert von der »Welt«, dem »Rheinischen Merkur« und ganz besonders der »Berliner Morgenpost«.

II.

Als Stadtrat Friedrich die Aufführung von *Mensch Mädchen!* verbot, hatte er das Stück überhaupt nicht gelesen. Es ging ihm auch eingestandenermaßen nicht um unsere Stücke, sondern um eine Maßregelung privater Meinungsäußerungen einiger Mitarbeiter des GRIPS Theaters, deren Richtung ihm nicht paßte und die er mit bemerkenswertem Fleiß gesammelt hatte. Gegen *Mensch Mädchen!* sind weder von der CDU noch von der »Morgenpost« (die es nach der Premiere überaus gefeiert hatte) Vorwürfe erhoben worden. Dennoch wurde es – wie alle anderen GRIPS-Stücke – inzwischen von den CDU-Jugendstadträten für sechs von den zwölf Bezirken dieser Weltstadt Berlin (West) verboten (drei dieser Verbote wurden auf Druck der Koalitionsparteien hin wieder aufgehoben). Als selbst Friedrich merkte, wie peinlich seine Argumentation ohne inhaltliche Einwände gegen die Aufführungen des GRIPS Theaters war, studierte er in den Sommerferien alle GRIPS-Stücke seit 1971 Zeile für Zeile, um schließlich in ganzen drei »Stellen« aus heute fünf Jahre alten Stücken eine »kommunistische Argumentationsweise« zu entdecken und sie seitdem pausenlos zu zitieren (eine davon bezeichnet er als Versuch von GRIPS, »die westliche Welt zu schwächen«.)

III.

Als sich die gewaltige Staubwolke »kommunistische Idoktrination« derart in nichts aufzulösen drohte, trat Dr. Biewald, kulturpolitischer Sprecher der CDU, mit einem besonderen Knüller auf den Plan: In der Etatdebatte des Berliner Abgeordnetenhauses vom 11. Dezember 1975 begründete er die CDU-Forderung, sämtliche Subventionen für GRIPS zu streichen, mit »verschiedenen Fassungen« der GRIPS-Aufführungen. Ohne sich um die Andeutung eines Beweises zu bemühen, beschuldigte er GRIPS des permanenten eklatanten Betruges und tut dies noch heute. Was GRIPS vor den Schulkindern spiele, sei eben etwas ganz anderes als die Fassung, die es vor der Presse und der paritätischen Prüfungskommission (des Senators für Schulwesen und des Senators für Familie, Jugend und Sport) spiele. Der »bestimmte Hieb«, wie Biewald es dem »Tagesspiegel« gegenüber nannte, die viel beschworene kommunistische Indoktrination also, setze erst später, heimlich, durch hinterrücks vorgenommene Veränderungen des Premierentextes ein. Einziger »Beweis«, den er im Abgeordnetenhaus anführte: In ein Stück sei der Satz »Nichts muß bleiben, wie es ist« hineinimprovisiert worden. Dieser Satz, den er mühelos als Aufforderung des GRIPS Theaters zur Beseitigung der Verfassung interpretierte, ist eine der ältesten Binsenweisheiten der Menschheitsgeschichte, schon von den griechischen Vor-Sokratikern wesentlich entschiedener formuliert, und zudem nicht improvisiert, sondern als Titelzeile des in der Premiere vorgeführten Schlußliedes bekannt, gedruckt und auch auf Schallplatte erhältlich.

IV.

Was uns so schockierte, war die Art und Weise, in der CDU-Abgeordnete ihre Immunität mißbrauchten, um Unwahrheiten zu verbreiten, zu verleumden, zu hetzen, Geschäftsschädigung und Rufmord in großem Umfang zu betreiben, in der Hoffnung, irgend etwas werde schon hängenbleiben, ohne daß wir in der Lage waren, gerichtlich dagegen vorzugehen. Wenn etwa die CDU-Fraktionsgeschäftsführerin Nikola Greiff in einem groß aufgemachten »Morgenpost«-Artikel behauptete, unsere Ziele seien »gegen den Bestand unseres demokratischen Staates gerichtet«, wir trieben mit Kindern »Schindluder«, strebten »Konfrontation« zwischen »Kindern und Eltern« an, würden die spätere »Verfassungstreue« der Kinder untergraben, der Schulklassenbesuch erinnere sie an die Zwangsmethoden der Nazizeit – ist das nur ein kleines Beispiel dafür, wie christliche Volksvertreter in Berlin Schindluder mit der Wahrheit treiben.

V.

Um der wachsenden Verunsicherung unter der Lehrerschaft zu begegnen, schickte Schulsenator Rasch den Berliner Schulen ein Schreiben, in dem er u. a. versicherte, daß er den Besuch im GRIPS Theater »nach wie vor für sinnvoll halte«. Der Zehlendorfer CDU-Volksbildungsstadtrat Plückhan hielt dieses Schreiben für seinen Bereich vier Monate rechtswidrig zurück und gab endlich mit der Weiterleitung jedem Lehrer zu bedenken, ob GRIPS nicht »angetreten« sei, »mitzuhelfen, unseren Rechtsstaat aus den Angeln zu heben«. Seitdem läßt sich dieser Herr sämtliche Lehrer und Schulklassen Zehlendorfs mit allen Daten melden, die es trotzdem noch wagen, GRIPS zu besuchen.
Als es schließlich in einem »Deutschen Kommentardienst« u. a. hieß: »Wenn es um Sympathiewerbung für die Baaders und Meinhofs geht, ist Volker Ludwig immer dabei«, und GRIPS von verschiedenster Seite aufgefordert war, sich handfester als bisher zur Wehr zu setzen, wurde zum erstenmal auf Widerruf geklagt. In erster Instanz gewann Volker Ludwig den Prozeß (darüber hinaus wurden Autor und Redakteur des Dienstes, Reinickendorfer CDU-Mitglieder, in einem Strafprozeß wegen Beleidigung zu jeweils 15 Tagessätzen verknackt). Die Revision dagegen landete vor dem berüchtigten 9. Zivilsenat, wo sich die Parteien auf gegenseitige Zurücknahme verglichen. Die nächste Behauptung der beiden CDU-Herren: GRIPS werde fast ausschließlich von SEW-Sympathisanten besucht.
Bei jährlich 100 000 Besuchern aus einem repräsentativen Bevölkerungsquerschnitt und über zwei Dritteln aller Berliner Schulen müßten die SEW-Sympathisanten in Berlin (West) dann bei weitem die absolute Mehrheit haben. Trotzdem wurde dieser Unfug lediglich als nicht eindeutig widerlegbare Meinungsäußerung gewertet und darf beliebig weiter behauptet werden (und damit im Grunde der Sieg der »Diktatur des Proletariats« in West-Berlin). Und die CDU schwenkt dieses Urteil auch noch triumphierend hin und her; ein erschütternder Hinweis auf ihre geistige Verfassung.
Schließlich das Urteil, das zur Solidaritätserklärung im »Tagesspiegel« führte. Hier zitieren wir den Kommentar des »Senders Freies Berlin«. Wir könnten den Sachverhalt kaum besser wiedergeben:
Wer, es kann auch ruhig schon ein paar Jahre her sein, jemals mit seiner Unterschrift gegen die Haftbedingungen protestiert hat, denen

hierzulande Gefangene unterworfen sind, sollte sich demnächst mit den üblichen Utensilien bei einer der deutschen Vollzugsanstalten melden und freiwillig einsitzen: Er hat sich nämlich, wie es in einem Urteil des Neunten Zivilsenats des Berliner Kammergerichts heißt, der Unterstützung der Ziele der Baader-Bande schuldig gemacht; das ist bekanntlich strafbar . . .
Wie das? Da hatte GRIPS Anfang 1976 in der Stadt Unna ein Gastspiel gegeben, was einen Lokalpolitiker dazu veranlaßte, in einem Leserbrief an seine Heimatzeitung zu schreiben, das GRIPS Theater verhehle nicht seine Sympathie für die SEW und unterstütze die Zielvorstellungen der Baader-Bande durch Protestbriefe und Anrufe . . . Das Theater klagte auf Unterlassung, und das Landgericht Berlin, das ja zumindest in Strafprozessen den Spielraum der freien Meinung nicht gerade großzügig zu bemessen pflegt, wies die Klage ab. Es handele sich, meinten die Landrichter, um schlichte straffreie Meinungsäußerungen.
Das Kammergericht, in nächster Instanz tätig, ging freilich noch einen Schritt weiter. Selbst, wenn es sich nicht um eine Meinungsäußerung, sondern um eine Tatsachenbehauptung gehandelt habe, könne eine Unterlassung nicht verfügt werden, denn dann habe der Beklagte diese Behauptung zu Recht erhoben. Und nun kommt die Begründung. Es sei, heißt es da, gerichtsbekannt, daß es zu den Zielen der Baader-Gruppe auch gehöre, aus der Haft heraus durch gemeinschaftliche Aktionen den Zusammenhalt der Vereinigung aufrechtzuerhalten, und »mittels inzwischen widerlegter Behauptungen über die angeblich unmenschlichen Haftbedingungen aus angeblich politischen Gründen Gefangener (»Isolationsfolter«) eine Solidarisierungskampagne zu führen.« Und weiter: »Jedenfalls diesem vordergründigen Ziel der Baader-Meinhof-Bande wurde durch den auch von Mitgliedern des Ensembles der Klägerin unterzeichneten Aufruf ›Hungerstreik‹ in der Zeitung ›Der Tagesspiegel‹ vom 9. Oktober 1974 objektiv Vorschub geleistet.«
Nun war in dieser Anzeige, unterschrieben von einer Reihe bekannter Berliner Schauspieler und Regisseure, nichts anderes gefordert worden als ein Ende der Isolationshaft. Das Wort »Isolationsfolter« taucht im »Tagesspiegel« nicht auf; das haben sich die Kammerrichter rasch ein wenig dazu erfunden. Und wann die im »Tagesspiegel« aufgeführten Behauptungen widerlegt worden sein sollen, ist auch ein Geheimnis der Richter. Bislang stehen da Erklärungen von Strafverteidigern auf der einen nur Erklärungen des damaligen Justizsenators auf der anderen Seite gegenüber.
Soweit also der Hergang, soweit dieses Urteil; und dazu muß man wohl ein paar Worte sagen. Denn dieses Urteil wird ja Folgen haben: Die Anfragen im Berliner Parlament, ob der Senat ein Theater weiterhin zu unterstützen gedenke, das seinerseits die Baader-Bande unterstützt, werden ja schon geschrieben und wohl schon eingebracht sein. Was das für das Theater bedeuten kann, liegt auf der Hand; dieses Urteil ist existenzbedrohend. Und es ist skandalös.
Gegen Haftbedingungen zu protestierten, wenn man sie, zu Recht oder Unrecht, für unmenschlich hält, ist schließlich nicht nur das

Recht jedes Bürgers, es ist dies in einem freiheitlich-liberalen Rechtsstaat sogar seine Pflicht, und zwar unabhängig davon, ob ihm die betroffenen Gefangenen nun sympathisch sind oder nicht. Die Wahrnehmung dieser Rechte als zumindest objektive Unterstützung der Baader-Bande zu werten, ist juristisch wohl mehr als dubios, politisch ein Hinweis auf den Zustand eines Teiles unserer Justiz und moralisch schlicht indiskutabel.
Ob GRIPS diese Geschichte überlebt, ist fraglich. Noch fraglicher aber ist, ob unsere Grundordnung überlebt, wenn sie auf diese Weise geschurigelt wird. Klar: Das GRIPS Theater hat einen Fehler begangen. Aber nicht, als es die Anzeige im »Tagesspiegel« unterschrieb, sondern als es tatsächlich dem Glauben anhing, bei dieser Justiz Schutz zu finden.«

VI.

Letzte, oft gestellte Frage: Warum macht die CDU eigentlich »diesen ganzen Mist«? Unsere Vermutung: Weil ihr die ganze Richtung von GRIPS nun mal nicht paßt, wollte sie nach ihrer plötzlichen Erstarkung nach der letzten Wahl mit Hilfe hierorts anzutreffender Kommunistenfurcht und Terroristenhysterie aus der Tatsache politisches Kapital schlagen, daß wir auch mit Kommunisten reden und keine Unvereinbarkeitsbeschlüsse gefaßt haben.
Es hat sich aber gezeigt, daß sich die Berliner Bevölkerung nicht für dumm verkaufen läßt. Am wenigsten läßt sich die Berliner Lehrerschaft diese permanente Bevormundung gefallen: Sie kennt nämlich das GRIPS Theater.
Dagegen hat bis heute kein einziger all jener CDU-Experten, die dauernd von unserer Gefährlichkeit berichten, jemals das GRIPS Theater von innen gesehen. Aus Angst?

GRIPS im Ausland

Es hat verschiedene Versuche gegeben, die Erfahrungen des GRIPS Theaters in anderen Ländern nutzbar zu machen, nicht durch unmittelbare Übertragung, sondern im Versuch, die Inhalte der Stücke den Traditionen und Möglichkeiten der jeweiligen Länder anzupassen. Wir gehen hier auf zwei dieser Projekte ein (Indien und Brasilien). Es sind nur Beispiele; vor allem die Versuche in den USA (angeregt und betrieben von Jack Zipes) müssen aus Platzgründen unerwähnt bleiben.

Norbert J. Mayer:
GRIPS in Asien

(Seit 1973 wurden in verschiedenen asiatischen Ländern GRIPS-Stücke von einheimischen Theatergruppen aufgeführt, u. a. in Sri Lanka, Indonesien und Süd-Korea. Dabei bestand immer das Problem der Übertragbarkeit Westberliner Großstadt-Stücke auf eine vollkommen andere Kultur und Lebensweise.)
Im Rahmen intensiver Anstrengungen um neue Erziehungs- und Bildungswege bemüht sich das Entwicklungsland Indien in starkem Maße, das Kinder- und Jugendtheater als Mittel zur kreativen Entfaltung von Kindern und Jugendlichen einzusetzen. Das Bemühen um die junge Generation wird von der Hoffnung getragen, daß dadurch ein Ausweg aus sozialen Mißverhältnissen, religiösen Bevormundungen und ökonomischer Ungleichheit gefunden werden kann. Zumindest steht diese Intention dahinter, wenn sie auch oft unausgesprochen bleibt. Daß dem Theater dabei eine Hauptrolle zugesprochen wird, liegt darin begründet, daß das Theater (ob als kultische Darstellung oder Dämonen- und Stammestanz oder als Theater der Information und Aufklärung) einen vitalen Lebensbereich darstellt. Anders als bei uns, wo Arbeits- und Freizeitbereich strikt getrennt werden, wo das bürgerliche Theater nicht in die alltägliche Wirklichkeit einwirkt, wo es kultureller Sonntag und Illusion bleibt, also letztlich unnützes Theater ist. Ein weiteres Argument für das Theater als pädagogisches Medium ist Indiens Analphabetismus; Theater ist Informationsmedium. Besonders für die Landbevölkerung, durch Spielen auf den Dorfplätzen, erhält das Theater Bedeutung. (Das Massenkommunikationsmittel Fernsehen existiert nur in Delhi und Bombay; es kommt für die nächste Zukunft als allgemeines Informations- und Bildungsmedium nicht in Betracht.)

Seit Ende der fünfziger Jahre entstehen in Indien Bal Bhavan (Kinder-Häuser); ihre Zahl ist ständig im Wachsen begriffen. Ein Bal Bhavan kann als Kombination von Kindertagesstätte, Jugendfreizeitheim und Fortbildungsinstitution definiert werden. Ein Bal Bhavan dient der Entwicklung und Weiterbildung der Kreativität sowohl der Kinder als der Erzieher selbst. Von unseren vergleichbaren Institutionen unterscheidet er sich in zwei Punkten: 1. durch seine Größe; der Bal Bhavan von Delhi z. B. vermag täglich 5000 Kinder aufzunehmen, 2. durch seine Struktur: auf einem Gelände von 48 000 qm sind eine Vielzahl von Departments untergebracht. Allein das Department für „Kreative Kunst" umfaßt folgende Sparten: Malen, Batikkunst, Bildhauerei, Holzschnitzen, Töpfern, Schreinern, Buchbinden, Lederarbeiten, Materialaktionen u. a. Departments für das Kennenlernen technologischer und sozialer Zusammenhänge, physikalische Labors, eine Bücherei, Sportanlagen gehören ebenfalls zur festen Einrichtung eines Bal Bhavan wie selbstverständlich die Abteilung für Tanz, Musik (klassic, folk, vokal, instrumental) und Drama. Zum dramatischen Sektor zählt das über 5000 Personen fassende Freilicht-Arena-Theater.

Vom Bal Bhavan Delhi war die Einladung an mich ergangen, mit den Mitgliedern der Drama-Departments ein realistisches Kinderstück zu erarbeiten. Im Jahr zuvor hatte ich in Seminaren die theoretische Basis zu einer solchen Arbeit geschaffen. Aufgrund der damaligen Gespräche war der Plan gefaßt worden, erstmalig im Bal Bhavan von Delhi eine Schauspieltruppe mit Erwachsenen aufzubauen, die für Kinder und Jugendliche spielen sollte. Ein bisher noch nicht dagewesenes Experiment für Indien, für das vom Erziehungsministerium – zunächst für eine Probezeit – Gelder zur Verfügung gestellt wurden.

Nach erstem Einblick in die indischen Kindertheaterverhältnisse war mir klar geworden, daß ich ein Kinderstück auszuwählen hatte, das zweierlei Anforderungen entsprechen mußte: der ersten, daß es eine Brücke zu schlagen vermöchte von den bekannten, märchenhaft fabulierenden zu wirklichkeitsbezogenen Inhalten; der zweiten, daß es adaptionsfähig sei. Beiden Forderungen entsprach *Stokkerlok und Millipilli.* Wie ein Puzzlespiel dramaturgisch aufgebaut, können Szenen ausgetauscht und den Gegebenheiten erforderlich abgeändert werden, ohne die dramatische Konzeption zu biegen oder zu brechen. Um das Stück für das dortige Publikum verständlich zu machen und ihm dieselbe Aktualität wie in der BRD zu geben, waren Adaptionen unumgänglich. Wenn etwa in Szene 7 am deutschen Werbefernsehen mit seiner Sauberkeits- und Waschmittelneurose Kritik geübt wird, muß diese Szene aufgrund der dortigen Nichtkenntnis des Mediums Fernsehen gestrichen oder ersetzt werden. Ein anderer Grund liegt im Fehlen des Sauberkeitsfanatismus: Ironie und Parodie können nicht verstanden werden.

Die eigentliche Adaptionsarbeit begann schon beim Titel. »Stokkerlok« als onomatopoetisches Wort meint das Rütteln der Eisenbahn, wenn sie über die Schienen rollt, gleichzeitig liegt das Wort

Lokomotive darin. Ins Hindi übertragen, der indischen Hochsprache, heißt Stokkerlok adäquat: Chhuk-Chhuk-Bhhayya-Talamtal, ebenfalls eine Verbindung von Zugrhythmus und Wortspiel. Szene 4, in der ein allesfressender, die hungernde Familie tyrannisierender Vater vorgeführt wird – eine gerade in Indien wohlbekannte Situation –, wurde mit lokalem Kolorit ausgemalt wie: vegetarische Ernährung, Schwarzmarkt und Nahrungsmittelmangel. Das bekannte Foodhorder-Phänomen brachten wir auch ein. Foodhorder sind skrupellose Geschäftsleute, die Nahrungsmittel horten, um sie für Wucherpreise auf Schwarzmärkten oder zu Krisenzeiten loszuschlagen. Außerdem sind sie Experten im »Verlängern« von Nahrungsmitteln: pulverisierter Ziegelstein in roten Chilli-Pfeffer, Sand in Reis, Reis in Zucker, Wasser in Milch usw. Die äußerst emotionale Reaktion des Publikums (teilweise waren von den Adaptern die genauen Orte und Plätze, an denen solch unsozialer Handel getrieben wird, erwähnt) auf diese konkreten Anspielungen sprach für sich und verblüffte die Pädagogen und Sozialarbeiter des Bal Bhavan. Ich erinnere mich noch gut an eine Diskussion mit der Leiterin, Frau Gandhi, die behauptete, daß indische Kinder im Theater nicht in derselben Weise reagieren würden wie europäische. Sie meinte damit, daß kein emotionales Feedback zu erwarten sei. Dem stand meine These gegenüber, daß alle Kinder gleich reagierten, wenn nur ihre vitalen Lebensinteressen getroffen seien. Die Reaktion des kindlichen Publikums, das sich darin in keiner Weise von deutschen Kindern unterschied, bestätigte die These. Die am GRIPS-Original orientierte Erweiterung verfehlte mithin ihre Wirkung nicht.
Die Premiere des Stücks fand am 14. November 1973, dem Nehru-Kindertag, vor mehr als 5000 Zuschauern statt. Weitere Vorstellungen in Schulen und auf Dorfplätzen, wobei die einfache und funktionale Ausstattung der GRIPS-Stücke diese Mobilität erlaubt, wiederholten den Erfolg.

Volker Ludwig

Über die Schwierigkeiten, emanzipatorisches Kindertheater in Brasilien bekanntzumachen

Erfahrungsbericht über die Kindertheaterseminare in Brasilien vom 14. Juni bis 1. Juli 1976

Eingeladen, in fünf brasilianischen Städten Seminare über emanzipatorisches Kindertheater in Deutschland abzuhalten, kamen mir folgende Bedenken:
– Muß ich nicht, als »Theatermann« angekündigt, die Erwartungen brasilianischer Theaterleute bitter enttäuschen? Schließlich ist

GRIPS keine aufregende neue Theaterform, nichts, was man in praktischen Übungen demonstrieren könnte, sondern eine Methode, überspitzt gesagt: eine gesellschaftspolitische Entscheidung, die bestimmte theatralische Konsequenzen hat;
– muß ich nicht, beim ständigen Vortragen entsprechender Thesen, Beispiele, Arbeits- und Erfolgsberichte (ohne ein Wort portugiesisch) angesichts der politischen Verhältnisse in Brasilien äußerst überheblich und deplaziert wirken? Kann ich mich überhaupt verständlich machen? Interessiert das überhaupt? Hat das Ganze für die Brasilianer überhaupt einen Sinn?
Es stellte sich heraus, daß all diese Bedenken ihre Berechtigung wohl hatten; daß man gut daran tut, ihrer ständig eingedenk zu sein. Nur so können (und, glücklicherweise, konnten) sie gegenstandslos gemacht werden.

Die fünf verschiedenen Seminare

Die Seminare von sehr unterschiedlicher Länge und Publikumszusammensetzung fanden in Sao Paulo, Salvador, Rio, Porto Alegre und Curitiba statt. Gemeinsam war ihnen zweierlei: Neben stets überschwenglicher brasilianischer Freundlichkeit ein unerwartet hohes, spürbar gespanntes Sachinteresse, dabei (außer in Salvador) Hemmungen, offen vor dem Auditorium zu reden (Angst vor Spitzeln), weshalb die fruchtbarsten Gepräche, die aufschlußreichsten Meinungsäußerungen immer wieder außerhalb der öffentlichen Seminare stattfanden.

a) *Sao Paulo.* Zwei anregende Seminare vor sehr gemischtem, allgemein informationsbegierigem, teilweise deutsch sprechendem Publikum (60 bis 80 Personen), zu kurz, um den Hauptinteressen der Zuhörer genau auf die Spur zu kommen, bei aller Beteiligung. Bereits in Sao Paulo zeigte sich, wie gut ich beraten war, Video-Bänder mitzubringen. Ohne sinnliche Beispiele ist es für Brasilianer offensichtlich unvorstellbar, daß ein derart auf soziale Überlegungen aufbauendes Theater auch mitreißend sein kann. Da helfen keine detaillierten Berichte, da helfen nur Beweise, die denn auch jedesmal durchschlagend waren.

b) *Salvador.* Das zahlenmäßig kleinste, jedoch informierteste Publikum, durchweg vom Theaterfach. Kenntnisreiche Hinterfragungen, zum Teil lange, heiße Debatten der Zuhörer untereinander über Übertragbarkeit eines solchen Theaters nach Salvador. Spürbare Reserven eines Publikumsteils, die ich anfangs politisch gewertet hatte (auch empörte Gegner machten sich in allen Seminaren nur durch seltene freundlich-skeptische Fragen bemerkbar), schlugen in Erleichterung bis helle Begeisterung um, als ich, trotz fehlenden Synchron-Dolmetschers, ein ganzes Stück auf Band zeigte *(Mannomann!).* Die Euphorie, deren Dauer ich allerdings gering einschätze, gipfelte in dem festen Entschluß, in

Salvador eine GRIPS-Produktion auf die Beine zu stellen, es wurde sogar über exakte Termine eines zweiten Besuchs im nächsten Jahr gesprochen.

c) *Rio de Janeiro.* Schauplatz: ein veritables Arena-Theater mit 180 Grad Zuschauerrund (Holztribünen, die jeder Baupolizei spotten). Drei Tage lang jeweils weit über 100 Zuhörer, viel Presse, auch Fernsehen. Etwas schwerfällige Resonanz am ersten Tag (ein Funkband lief anfangs sichtbar mit, ein Unbekannter wurde als Spitzel angesehen), dafür vehemente Zustimmung vieler einzelner nach den Seminaren und Versuche, das Verhalten des Publikums zu entschuldigen. Wesentlich stärkere Beteiligung am zweiten Tag, viele Fragen über die gesellschaftlichen Bedingungen, die ein solches Theater möglich machen, skeptische, aber sehr freundlich und genau gestellte ästhetische Fragen.

d) *Porto Alegre.* Das schwerste, aber auch aufschlußreichste Seminar: fünf Vormittage vor 80 Lehrern, die Nachmittage mit Theaterleuten (und einigen Theaterpädagogen). Mitveranstalter: Das Erziehungsministerium von Rio Grande do Sul, vertreten durch eine Dame, die zwei weitere Damen, renommierte, einschlägige Autorinnen, als Koreferentinnen aufgeboten hatte. Hier endlich, bei den streng erzogenen Erziehern, zeigte die gerühmte brasilianische Freundlichkeit erstmalig Risse. Das ging so weit, daß die resolute Seniora Luiza Barreto Leite mich schlicht auszuschalten versuchte.
Ministeriell vertretene Meinung: Kinder haben keine Probleme, die kriegen sie nur, wenn sie durch Leute wie mich damit bekanntgemacht werden. Hauptproblem bei brasilianischen Kindern sei die Einhaltung der Disziplin. Erhellende Differenz: Als ich von der Aufgabe sprach, Kinder zu denkenden Menschen zu erziehen, wollte die Vertreterin des Ministeriums von »denken« nichts wissen (ihr Argument: Denken gehört in den Fachunterricht). Ein weiterer Zusammenstoß, als ich von unserem Gastarbeiterstück *Ein Fest bei Papadakis* erzählte und sie entsetzt dazwischenfragte, ob ich tatsächlich Vertreter bestimmter, den Kindern bekannter Nationalitäten auf der Bühne zeige und nicht »den Fremden« allgemein; es sei für Kinder schädlich, wenn Dinge direkt beim Namen genannt würden.
Überaus offen und interessiert waren dagegen die meisten Teilnehmer an den Nachmittagen, hauptsächlich Mitglieder verschiedener örtlicher Theatergruppen, so randvoll mit materiellen Problemen beladen (kein Schauspieler, der nicht einen zweiten Beruf »zum Leben« haben müßte), daß sie auf meine Frage, warum sie eigentlich Kindertheater machten, ehrlich meinten, beim Erwachsenentheater stünde es finanziell noch schlechter, und auf die Frage, warum überhaupt Theater, z. T. zugaben, darüber hätten sie noch nicht nachgedacht.
Einige Theaterleute waren an GRIPS dermaßen interessiert, daß sie anschließend an den Seminaren in Curitiba teilnahmen, haupt-

sächlich auch, um die Bänder sehen zu können, was in Porto Alegre mangels entsprechender Apparate nicht möglich war.

e) *Curitiba.* Unter Berücksichtigung der gewonnenen Erfahrungen liefen die Seminare in Curitiba zufriedenstellend, wenn auch vor relativ wenig Zuhörern ab, die oft erst während des Festivals kommen konnten, weshalb wir alle Bänder während dieser Tage nochmals zeigten.
Zum Teil sehr spannend waren jene Festival-Seminare, in denen die verschiedenen Aufführungen debattiert und oft kräftig attackiert wurden. Die Gesamtqualität der Vorstellungen entsprach etwa der in Deutschland vor ca. fünfzehn Jahren, die Selbstkritik der Mehrzahl der Truppen war dabei erstaunlich. *Stokkerlok und Millipilli* (von Wolfgang Kolneder mit Curitibaner Schauspielern inszeniert) war in diesem Rahmen einer der größten Erfolge; daß kein jüngeres, relevanteres Stück inszeniert worden war, schien einige Teilnehmer zu kränken, hat sich aber für mich als richtig erwiesen (und konnte den Brasilianern am Ende auch befriedigend begründet werden); der Bruch gegenüber dem, was die Schauspieler gewohnt sind, wäre zu groß gewesen; eine Inszenierung ohne monatelange Vorbereitungen und ohne intensive Bearbeitung jedes Stücks mit eingehender Kenntnis der entsprechenden sozialen Verhältnisse wäre in Brasilien absolut unmöglich.

Fazit

Das Interesse, das unserer Auffassung und Spielweise eines Kindertheaters entgegengebracht wurde, war überall außerordentlich, was schon die ganz erhebliche Presseresonanz in Sao Paulo, Rio und Paraná bezeugt. In Brasilien existiert ein aufstrebendes, vielfältiges, materiell und theoretisch allerdings kärgliches Kindertheater, dessen sich heute zum Teil die Erziehungsministerien bedienen und dessen Macher großteils aufgeschlossener, nach Neuem begieriger und unsicherer sind, als ihre Produktionen vermuten lassen. Insofern hatte der Besuch schon dadurch seinen Sinn, daß sich viele Theaterleute in einer Weise von dem von mir Vermittelten überrascht und betroffen zeigten, die allein schon darauf schließen läßt, daß diese Begegnungen praktische Nachwirkungen haben und die Diskussion um ein fortschrittliches brasilianisches Kindertheater stark beeinflussen werden. Darüber hinaus war die Erwartung, daß von uns aus noch etwas kommt, daß es weitergeht, überall zu spüren.

GRIPS erzählt . . .

Die folgenden Zitate sind einem langen Gespräch über Geschichte und Ziele des GRIPS Theaters entnommen. Beteiligt waren Wolfgang Kolneder (K), Dietrich Lehmann (Le), Volker Ludwig (L) und Klaus Wagenbach (W). Die Tonbandabschrift ist 84 Seiten lang – die hier abgedruckten Ausschnitte sind mehr oder minder willkürlich ausgewählt.

Woher Name und Vogel kommen

K: Mit dem Umzug ins Forum-Theater habt ihr euch GRIPS genannt?
L: Das war eine Idee von Reiner Lücker.
Le: Es gibt eine nachzulesende Diskussion mit einer Schulklasse, wo die Kinder gefragt wurden: Was braucht man eigentlich, um sich gegen so einen Unternehmer (in *Trummi)* zu wehren? Und da sagte ein Kind: Dazu braucht man GRIPS. Der Reiner hat das gefunden, wir haben das lange diskutiert, zuerst fanden wir das ein bißchen »dick« . . .
L: Aber vom Sinn her ist es das richtige Wort für uns; es ist die Ratio drin und auch das Vergnügen. Die Kinder mögen das Wort.
Le: Das Wort ist ja nicht überall bekannt, mich hat mal ein Volkspolizist gefragt, was das heißt, und ich sagte: GRIPS heißt Bewußtsein.
K: Ich hab' in letzter Zeit viele Briefe zu beantworten, von

Leuten, die Arbeiten über das GRIPS-Theater schreiben, und die fragen manchmal, was dieser Kasten mit dem Kopf, das GRIPS-Signet, zu bedeuten hat.
L: Wir brauchten ein Signet und gingen zu dem Grafiker Spohn, und der brachte das Ding an und war sehr stolz. Wir waren sofort dafür. Für die Kinder ist dieses Tier der GRIPS persönlich, und sie finden ihn lustig. Manche nennen ihn einen Vogel, andere einen Nasenbär, ich kann eigentlich nichts dazu sagen.

Neue Stücke können so entstehen . . .

Le: Ich muß jetzt mal eine Geschichte erzählen: Ich fand wichtig, daß die beiden ersten Stücke *Maximilian* und auch *Mugnog* zu tun hatten mit den Erfahrungen der Autoren, z. B. der Hausbesitzer ist einer, den man selbst kannte. *Mugnog* war eine Geschichte, die ihr beide in eurer Kindheit praktiziert habt, und es gab, während *Mugnog* lief, mal ne Vorstellung, die nicht stattfand, aus irgendwelchen Gründen, da hatte sich damals ne Gruppe gebildet, die überlegen wollte, was man weiter machen kann, das waren die Barbara Hampel, der Birger und ich, und bei dieser ausgefallenen Vorstellung kamen wir mit einigen Kindern, die noch da waren, auf die Idee, etwas zusammen zu machen, sie zu fragen, welche drei großen Wünsche sie hätten, die haben dann gespielt mit den Requisiten, und ein Mädchen hat da aus Kartons so ein großes Haus gebaut, eine Wohnanlage, und sagte, es müsse so ein Haus geben, wo Kinder in der unteren Etage spielen und zusammen leben und die Erwachsenen oben, denn sie wollen mit den Erwachsenen eigentlich gar nichts mehr zu tun haben. Sie hat dann einen Hof gebaut, wo es Rutschbahnen gab, die aus dem ersten Stock runterkamen, also einen Lebens- und Spielraum für die Kinder, in dem die Erwachsenen gar nichts zu suchen haben. Ab und zu sollten sie wohl mal runterkommen und was zu essen machen. Wir haben dann mit dem Volkhart Paris* gesprochen, und der sagte, klar, das ist ein Spielhaus, die Kinder wollen ein Spielhaus haben, und das ging in Richtung *Balle, Malle . . .* hin. Wir haben das dann an die große Versammlung weitergegeben, und die Anregung wurde aufgenommen. Ein zweiter Wunsch, der da geäußert wurde, war: Ich will eine Puppe haben so groß wie ich selber, mit der möchte ich spielen, und das hat dann auch auf *Trummi* hinübergewirkt, mit dem lebensgroßen Roboter . . .
L: Lemmi ist immer ein großer Legendenbilder . . .

. . . oder so:

L: Die Idee zu *Mannomann!* kommt aus den Erfahrungen, die die Schauspieler mit dem Lied aus *Balle, Malle . . .* »Wer sagt, daß

*) vom *Kindertheater im Märkischen Viertel*

Mädchen dümmer sind?« gemacht haben. Da schrien die Jungs: Ich! Und bei der Zeile »der spinnt, der spinnt, der spinnt« machten die Mädchen: Bäh! Da war manchmal unheimlich was los, die vergaßen richtig, daß sie im Theater sind, und fingen an sich zu kloppen. Worauf wir der Ansicht waren: Das ist das ungeheuerste Thema überhaupt. Diese Erfahrung haben wir dann in Diskussionen vervollständigt. Wir fragten die Kinder: Findet ihr das gut, daß Mädchen und Jungs in einer Klasse sind . . . usw., und fast immer wurde gesagt: Nein, furchtbar, und manchmal haben die Mädchen die Jungs dann verprügelt. Und der zweite Ausgangspunkt war bei *Mannomann!:* Wir hatten die Absicht, ein Stück kollektiv zu schreiben. Wir saßen in wechselnder Besetzung zwei Monate um den Tisch herum, es lief nicht gut, denn Vorschläge wurden, wenn sie einmal abgeblockt wurden, gleich ganz fallengelassen, aber viele Dinge, die bei diesen Sitzungen so aufkamen, sind in irgendeiner Weise in das Stück eingearbeitet worden. Es gab dann doch zwei Autoren, den Reiner Lücker und mich, der Reiner war gekommen und sollte sich eigentlich um ein Jugendtheater kümmern – so alt ist diese Idee schon –, dann gaben wir ihm die Regie, weil er das zu können schien. Wir saßen zu zweit noch mal vier Wochen zusammen, bis wir eine Handlung gefunden hatten, mit der die Sache zu klappen schien. Wir hatten ziemlich lange festgesessen bei dem Rollenverhalten von Kindern, daß Jungs nicht mit Puppen spielen und Mädchen nicht Fußballspielen usw., bis wir merkten, so ein Riesenproblem ist das gar nicht, das Problem liegt woanders, darauf stießen wir dann, als wir in unterschiedlichen Klassen fragten, was die Mädchen mal werden wollten, in Zehlendorf sagten sie: Chefstewardeß, Ärztin oder Hollywood-Schauspielerin . . . und in einer Weddinger Klasse sagte über die Hälfte der Mädchen: Sie wollten Hausfrauen werden, gleichzeitig sagten sie, ihrer Mutter ginge es schlechter als ihrem Vater. Die waren bereits so eingeengt in ihrer Phantasie, da wurde mir letztendlich klar, daß es tatsächlich noch Klassen gibt, und wie unterschiedlich die Startchancen sind, da haben wir gemerkt: Da liegt das Problem. Ihre Erziehung zu ihrer Rolle als Erwachsene. Wie das schon zurückschlägt auf ihre Kindheit. Der Lehrer war empört, weil er mit den Mädchen offensichtlich lange darüber gesprochen hatte, wie wichtig es für eine Frau ist, einen Beruf zu haben, und dann sagten die zehn-, elfjährigen Mädchen: Ja, aber wir wissen doch nicht, ob der Mann das will, daß wir einen eigenen Beruf haben. Da war uns klar, daß das Stück auf der Erwachsenenebene angesiedelt werden muß, daß die Kinder mal sehen, wie das bei den Erwachsenen läuft. Zum erstenmal wurden die Erwachsenen die Hauptfiguren und die Kinder mehr die Auslöser.

Die Kunst des Aussortierens

Le: Wir wollen einen komplizierten Sachverhalt durchschaubar machen, auf den Begriff bringen, und dafür suchen wir realistische, einfache, direkte Bilder.

W: Aber das ist doch ein Vorgang der Kunst.
Le: Das ist ein Vorgang des Aussortierens, Neuzusammenfügens. Der Volker kommt eben vom Kabarett her, und das ist die Arbeitsweise, ähnlich wie bei Karikaturisten auch. Der Wahrheitsgehalt dieser Bilder, das sind unsere Kategorien und nicht die literarischen Kategorien der Parabel. Die Fabel, das ist wichtig.
W: Aber dann ist der Begriff Parabel falsch gewählt, wenn ihr ihn kritisiert; denn was ist das anderes als eine unheimliche Parabel der Solidarität, was ihr da spielt, nur eben nicht im feudalistischen Gewand, mit Feder auf dem Hut und Stulpenstiefel, sondern eben realistisch, gegenwärtig für die Kinder.

Über die Kunst des Eingripsens

Le: Die Zustimmung zu Stefans Vorschlägen war nicht so total, wie du jetzt tust. Ich erinnere mich, daß ich damals eine ziemlich humorlose Position bezogen habe und ihm vorgeworfen habe, das Stück *Ruhe im Karton!* sei total unpolitisch, unemanzipatorisch usw. Und das Stück ist dann ja auch durch die »GRIPS-Mühle« gegangen, es gab eine ziemlich ausführliche Bearbeitung während der Proben, da ist eine ganze Menge von der Exotik in diesem Stück flöten gegangen, da sollte mal ein Teufel auftreten und ein Bär als Postbote, das wurde gestrichen und ein sozialer Hintergrund gesucht. Der Fachausdruck dafür heißt: Das Stück wurde »eingegripst«.

Über das Positive

L: Es gibt noch ein Problem bei *Balle, Malle* . . .. Wir waren und sind nach wie vor der Meinung, daß man Kindern einen positiven Ausgang anbieten muß, und bei realistischen Stücken ist das ein Problem, bei *Balle, Malle* . . . haben wir das dann so gedreht, daß der nette Polizist zum Schluß sagte: Man könnte ja mal einen Brief schreiben und anfragen usw. usw., ob man vielleicht . . . Mehr kommt nicht raus. 90 % der Kinder sagten dann hinterher: Und dann haben sie ihr Spielhaus bekommen, und alles war Happy-End. Die lügen sich einen guten Schluß zusammen, wenn sie keinen kriegen. Wir hatten ein gutes Gewissen und sind realistisch geblieben, und die Kinder haben es in Utopie umgedreht.
W: Habt ihr diesen starken Wunsch nach einem optimistischen Schluß bei anderen Stücken auch erlebt?
L: Das ist immer so.
K: Das ist eine der zwei Grundweisheiten von Volker Ludwig: Erstens, daß Kinder mit Ironie, Parodie etc. nichts anfangen können, und zweitens, daß man zumindest bei kleinen Kindern nicht pessimistisch oder auch nur mit Fragezeichen aufhören kann.
Le: Aber das Harmonie-Streben der Kinder ist noch in einem viel größeren Maße vorhanden als bei Erwachsenen. Ich hab das erlebt

bei *Mannomann!,* wo Mädchen- und Jungenklassen sich geprügelt haben, aber dann, wenn wir mit ihnen diskutiert haben, haben sie immer gebettelt: Aber wir singen doch dann noch das Lied: »Mannomann, Mannomann, fangen wir zusammen an!« Zwischendurch haben sie sich immer wieder angefetzt, aber eigentlich wollten sie zusammen dieses Lied singen.

W: Die wollen die klassenlose Gesellschaft, ist doch klar.

Le: Deshalb ist es eigentlich nur logisch, Happy-Ends zu machen, um an dieses Prinzip zu erinnern, an dieses Bedürfnis.

W: Andrerseits muß man prüfen, ob man dann nicht gegen Ende doch sehr wieder zum Märchen tendiert.

L: Das hat's nie gegeben. Unsere Schlüsse waren immer konkrete Utopien, die erkämpfbar, die real möglich sind, das ist immer das Ende eines langen Kampfes, der im Grunde weit über das Stück hinausreicht. Man sieht ein momentanes Bild, wie am Schluß von *Mannomann!* oder eine momentane Übereinstimmung wie bei *»Doof bleibt doof«,* da ist zum Schluß ein Rollenspiel, da ändert sich auch nicht viel, bis auf die Bereitschaft des Lehrers, sich zu bemühen, mehr ist das auch nicht. Es sind nie Märchenschlüsse.

W: Aber es gibt doch Märchen, die man benützen könnte, z. B. der gestiefelte Kater . . .

L: Da weiß ich nur einen Satz, den ich schon tausendmal gesagt habe: Warum etwas verschleiert in Parabelform erzählen, wenn man es auch direkt sagen kann.

Le: Eine Parabel kann man so und so auslegen, aber ein direktes, realistisches Stück kann man direkt anwenden.

L: Es gibt viele schöne Stücke aus der DDR, hauptsächlich vom Knauth, die ganz tiefe Inhalte haben, nur die Kinder kommen nicht dahinter, jedenfalls nicht bei den Aufführungen in der BRD, das sind so fein gesponnene Parabeln für Erwachsene, da kommen die Kinder nicht dahinter.

Theorie

W: Habt ihr eigentlich oft Stoffe aus Büchern geholt?

L: Nein. Wir gingen immer von einer Thematik aus, von der wir glaubten, sie sei wichtig, und dann haben wir immer eine eigene Handlung erfunden.

Le: Ja, aber es war natürlich wichtig, was in der allgemeinen Diskussion war. Bei *Mannomann!* war z. B. für mich wichtig das Buch »Gleichberechtigung und Emanzipation« von der Jutta Menschik. Das ist damals kursiert.

L: Die Autoren haben meistens etwas weniger gelesen als die Schauspieler. Von der Theorie auszugehen und dann ein Stück zu schreiben, das ist sehr schwer.

Über den Tiefsinn

K: In unseren Texten stehen mehr Regieanweisungen als woanders, man muß ja nicht gleich mit Shakespeare vergleichen, wo

überhaupt keine drin stehen, aber verglichen mit Stücken heute, von Walser, Handke, Bernhard, Kroetz etc. haben wir mehr. Aber die Theater gehen an solche Stücke anders ran: Wenn ein Theater ein Stück vom Bernhard spielt, dann fragen die noch bei jedem Komma, was er damit gemeint haben könnte, und setzen drei Dramaturgen darauf an.
Le: Da, wo Kinderstücke schlecht gemacht werden, wird auch der Shakespeare schlecht gemacht.

Strafkolonie

Le: Für die meisten Schauspieler an großen Theatern ist das Kindertheater eine Art Strafkolonie-Arbeit.

Lachen, Weinen, Aufklären und CDU

L: Und die Stärke der Szene *(Trummi kaputt,* 4. Bild) ist ja nicht nur, daß da mal sinnlich etwas aus der Arbeitswelt vorgeführt wird, sondern daß sie schließt mit einem stummen Spiel, mit einem emotional sehr starken Sich-Verstehen zwischen Mutter und Sohn. Er fängt da mit seinem Spiel wieder an, das die Mutter ihm vorher untersagt hatte, und die Mutter nimmt dann zwei Löffel und spielt einfach mit. Da hatten die Kinder dann richtig einen Kloß im Hals.
W: Was macht ihr denn damit, findet ihr das falsch?
L: Das sind eben Szenen, die stark befreiende Wirkung haben. Wir empfinden das als fröhlich-befreiend, aber so rein sentimentale Szenen, die im Märchentheater sehr im Schwange sind, die haben wir weitgehend vermieden. Das ist ein Unterschied.
Le: Der Brecht hat irgendwann gesagt, daß man soweit kommen muß, daß man über einen Lachenden weint und über einen Weinenden lacht. Und wenn zum Schluß dieser Szene Mutter und Sohn lachen, dann ist das ein Zeichen dafür, daß da etwas in Bewegung geraten ist zwischen den beiden.
K: Von *Trummi* her datiert ja auch die Bezeichnung des GRIPS-Theaters als Lehrtheater, also nicht mehr ursprünglich-naives antiautoritäres Spielen und Tollen, sondern das Suchen nach Bildern für gesellschaftliche Situationen wie später dann bei *»Doof . . .«* und *Papadakis,* und das führte ja dann bei *Ruhe im Karton!* dazu, daß einige Kritiker aufatmeten und sagten, endlich mal kein Zeigefinger mehr . . .
W: Seitdem habt ihr wohl den Namen Agitationstheater weg?
L: Nein, das hat erst Herr Friedrich von der CDU im Mai '75 erfunden.
Le: Die reaktionären Typen haben sich damals noch nicht aus ihren Schlupfwinkeln rausgetraut. Wir waren mit dem Stück auf Tournee in Italien, und da hat uns einer vorgestellt und gesagt: Die kommen von der Aufklärung her, und das finde ich nach wie vor den schönsten Satz, der über uns je gesagt wurde.

Volker saugt sich voll

Le: Man sagt oft, wir seien naiv, das stimmt insofern, als man den Stücken die theoretische Arbeit nicht ansieht, die drin steckt. Aber dem Volker, der immerhin das Reichskabarett gemacht hat, zu unterstellen, er sei naiv, ist eigentlich Zynismus.
K: Bei ihm stimmt es aber insofern, als er selbst ja keine Bücher liest, sondern sie sich erzählen läßt. Damit hält er sich die Gefahr, zu theoretisch zu werden, vom Leib.
Le: Ja eben, er läßt sich vollsaugen . . .

Alltag

L: Ich leide eigentlich fast immer. Es ist fast immer schrecklich.

Kunst als Waffe oder Kunst als Waffel?

L: Mehr als die Hälfte der Forum-Theater-Schauspieler wollten eigentlich lieber bei uns spielen. Umgekehrt ist der Uli Gressieker zum Forum gegangen, der war da auf dem »Kunst-Trip«.
W: Was sagt ihr denn da für Sachen: Kunst-Trip?
L: Das heißt hier nichts weiter als: weg von gesellschaftlichen Ambitionen. Es gab immer das gleiche Gespräch, wenn wir unsere Forderungen stellten, von wegen Bühnenbild usw., immerhin haben wir ja 50 % der Miete bezahlt. Hoser und Burckner haben mir immer wieder versichert: Was ihr da macht, das ist so wichtig und so gut und so richtig und so großartig, aber das, was wir machen, verstehst du, und dann kamen so verklärte Blicke nach oben, das ist etwas ganz anderes, weißt du, was ihr macht, das ist Kunstgewerbe, was Praktisches für den Tag, was wir machen, das ist Dichtung, das ist Kunst. Das ist etwas qualitativ so anderes, dazu habt ihr keinen Zugang. Da lief ein Stück: *Der tausendjährige Krieg* von Arrabal, und das hab ich mal richtig durchstudiert und dann gesagt: So ein mieses Kabarett hab ich als Schüler bereits besser gemacht, und habe zum erstenmal in meinem Leben meinen Kunst-Respekt verloren und festgestellt, daß dieser angebliche Dichter . . ., das ist wie des Kaisers neue Kleider.
W: Aber was macht ihr denn dann mit Fragen der Schönheit, der Ästhetik?
K: Die kommen an die zweite Stelle, wo sie hingehören.
L: Wir benutzen sämtliche formalen und ästhetischen Mittel als Mittel zum Zweck. Und das ist durchgehend bei allen Beteiligten. Unser Theater hat einen ganz bestimmten Zweck und Sinn, wir versuchen, auf die Gesellschaft einzuwirken mit unseren künstlerischen Mitteln, die wir zur Verfügung haben, aber die sind kein Selbstzweck. Wenn sie zum Selbstzweck werden, haben wir dafür kein Verständnis.
Le: Kunst als Waffe oder Kunst als Waffel.

K: Interessant ist, daß in der derzeitigen Situation das genau die Polarisierung ist zwischen GRIPS-Theater und Schaubühne. Als die avanciertesten Positionen in beiden Richtungen. Beim *Empedokles* [der ›Schaubühne‹] sagen ernst zu nehmende Kritiker und Wissenschaftler: Das ist der Versuch, dem Bühnenraum und der Bühnensprache neue Dimensionen hinzuzugewinnen, ein epochaler Versuch, ähnlich wie damals *Warten auf Godot* usw. Und diese Leute unterscheiden dann zwischen dem Theater als Wesen, das durch solche Versuche wie dem von Grüber weiterentwickelt wird, und angewandten Theaterformen, zu denen das GRIPS-Theater gezählt wird.
W: Aber die *Empedokles*-Aufführung ist doch eine deutsche Unternehmung für deutschen Tiefsinn – das kann man nicht als Gegenbeispiel nehmen. Das widerstrebt mir. Das meine ich nicht, wenn ich nach der Kunst frage.
Le: Wir waren neulich fast alle in der Schaubühne in der jüngsten Brecht-Inszenierung: *Fatzer.* Untergang des Egoisten Fatzer. Das war für uns unglaublich frustrierend. Interessant wäre, wenn wir à la GRIPS mal eine Gegeninszenierung von dem Stück machen würden, das würde den Unterschied zwischen uns kenntlich machen. Wie die jetzt auch schon den Brecht vergeheimnissen, den Brecht, der dafür plädiert hatte, daß ein Zuschauer Einsichten bekommen soll durch ein Stück, wie hier ein Stück verdunkelt wird in einer zwielichtigen Stimmung, wo kein klarer Blick mehr ermöglicht wird, sondern wo das Gehirn verkleistert wird. Das ist ja noch schlimmer als ein *Empedokles.* Was die mit dem Brecht machen, das ist für meine Begriffe empörend.
L: Mit Kunst meine ich Dinge, die Leute für ihren eigenen Nabel machen, ohne jedes Interesse dafür, ob das jemand anderes interessiert oder ob das jemand versteht. Ich will damit nicht sagen, daß auf dem Weg, den wir beschreiten, keine Kunst möglich sei, daß das weniger Kunst, weniger vollendet sein muß als das andere.

Erwachsene spielen Kinder – ein Problem?

L: Das war für uns überhaupt kein Problem, das haben wir einfach gemacht. Wir haben das bei *Maximilian Pfeiferling* so angefangen, daß die Schauspieler auf die Bühne kamen, sich vorstellten, und dann fragte der Wolfgang Wiehe die Kinder: Habt ihr was dagegen, daß ich einen frechen, kleinen Jungen spiele? Das war natürlich eine halbe Erpressung, war natürlich kein Kind dagegen, das fanden sie prima, und da hat er's gespielt. Das war eine Rückversicherung für uns, aber die Bedenken hatten wir später nie mehr. Damit hatten immer nur die Erwachsenen Schwierigkeiten, nie die Kinder. Aber bei »*Balle, Malle . . .*« hatten wir am Anfang doch Schiß, ob das nicht lächerlich wirkt, wenn da vier Erwachsene auf der Bühne rumtoben und Kinder spielen.
Le: Wir hatten zwar nie viel gelesen, aber einen Satz von Benjamin hatten wir doch mitgekriegt, der heißt: Wenn Erwach-

sene für Kinder spielen, dann kommt Lafferei heraus. Und wir haben eben versucht, möglichst viel Lafferei herauszulassen. Daß sie normal bleiben und die Kinder sie wiedererkennen, weil sie Sachen tun, die Kinder eben auch tun.

Nachbereitung und Kinderausforschung

Le: Wir hatten bei früheren Diskussionen gemerkt, daß wir oft nicht richtig pädagogisch vorgegangen waren, wir stellten Suggestivfragen usw. und hatten deshalb schon vor den eigentlichen Nachbereitungsheften angefangen, zusammen mit Studenten der PH Fragebögen zusammenzustellen. Das war eigentlich die Vorstufe der Nachbereitungshefte. Wir wollten damals eigentlich nur rauskriegen, ob das, was in den Stücken intendiert war, überhaupt rübergekommen ist.
L: Wobei zu berücksichtigen ist, daß Schauspieler eine gewisse Faszination ausstrahlen, wenn sie mit den Kindern plötzlich als Privatmenschen zusammensitzen. Da mußte man aufpassen, daß von den Kindern nicht von vornherein nur Sympathiekundgebungen kamen.
Le: Aber die Lehrer waren z. T. erstaunt, daß die Schüler plötzlich 2 Stunden lang über das gleiche Thema sprechen wollten und auch konnten.
L: Aber all das half nicht unbedingt den Schülern weiter, sondern das waren mehr Ausforschungen für unsere Zwecke.

Fliegende Türkenmesser

W: Wie erreicht ihr denn, daß tatsächlich nur die Kinder ins Theater kommen, für die das Stück gedacht ist?
L: Seit wir mehrere Stücke für verschiedene Altersgruppen auf dem Spielplan haben, können wir immer auf andere Stücke hinweisen, das klappt mit den Schulklassen-Besuchen sehr gut. Bei den frei verkauften Nachmittagsvorstellungen haben wir natürlich keinen Einfluß, da kommt es immer wieder vor, daß Eltern mit zu kleinen Kindern ins Theater kommen. Interessant war bei *Papadakis,* daß in Verbindung mit den Schulklassen auch viele Gastarbeiterkinder das Stück gesehen haben und Konkurrenzen zwischen Türken und Griechen sich genauso auch im Publikum abgespielt haben. Vor allem bei Gastspielen in Kreuzberg: ein unheimlicher Jubel, wenn die ersten türkischen Worte fielen!
Le: Die für mich spannendste Vorstellung überhaupt fand im Haus im Böklerpark statt, da hatten wir vorher mit Lautsprecherwagen viel Werbung gemacht, und es kamen auch sehr viele Türken in die Vorstellung. Als ich da aufgetreten bin und meine reaktionären Sprüche losgelassen habe, da war eine Atmosphäre in dem Raum, ich hab wirklich Angst bekommen, daß da Messer geflogen kommen. Und wie diese Stimmung sich gegen Schluß gelöst hat, das war irrsinnig.

Detlef Michel
Widersprüche und die Chance des GRIPS Theaters

Würde jemand den Versuch unternehmen, aus den Rezensionen der Kritiker Schlüsse auf die Arbeit des GRIPS Theaters zu ziehen, er käme zu falschen Ergebnissen. Die Lobsprüche der Theaterkritik hinterlassen den Eindruck ungeteilter Harmonie. Zur Premiere nimmt der Rezensent ein Stück wahr, als ein Ding, aus dem sich die Widersprüche des Arbeitsprozesses, in dem das Stück entstanden ist, nicht mehr erschließen. Fehler der Produktion kann der Kritiker nicht erklären, er könnte sie bestenfalls konstatieren. Jenseits des Feuilletons aber springen manche Widersprüche ins Auge. Zunächst: Die politische Aussage des GRIPS Theaters zielt immer wieder auf die Veränderung der gesellschaftlichen Verhältnisse; gleichwohl wird dieses Theater subventioniert und prämiert. In dem Stück *Das hältste ja im Kopf nicht aus* wird eine Lehrerin zur positiven Figur, weil sie vorbehaltlos für ihre Schüler Partei nimmt, selbst dann, als diese – juristisch betrachtet – Straftaten begehen. In der bundesrepublikanischen Wirklichkeit ist solch eine Lehrerin vom Radikalenerlaß (und Gewerkschaftsausschluß) bedroht. Gleichwohl prämierten SPD und DGB das Theater. Gleichwohl zitierte der Berliner Bürgermeister Stobbe das GRIPS Theater in seiner Regierungserklärung als Beispiel für seine kulturpolitischen Auffassungen. Ist das GRIPS Theater ein verkapptes Staatstheater?

Die Gefahr besteht, eines zu werden. Sich vor dem Opportunismus zu schützen, ist deshalb eine der wichtigsten politischen Aufgaben des Theaters. Subventionen machen die Existenz der Theaterleute sicherer, machen Tarifverträge möglich, machen die Gehaltszahlungen unabhängig von den Einnahmen aus dem Kartenverkauf. Aber Subventionen sind kein Mäzenatentum, sondern Tausch. Als

Gegenleistung verlangt der Staat Stücke, eine festgesetzte Zahl von Produktionen pro Jahr. Das Theater ist damit einer Arbeitsweise unterworfen, die sich wesentlich von der einer »freien« Gruppe unterscheidet; einer Arbeitsweise, die die Gefahr birgt, dem Experiment, dem Ausprobieren, dem Risiko zu wenig Platz einzuräumen, stattdessen starren Blicks auf die eingegangenen Verpflichtungen nur noch Bewährtes zu reproduzieren und Kritik daran als Störung zu empfinden. Subventionen können objektiv die Funktion von Bestechungsgeldern haben.
Die Hetzkampagne der CDU gegen und die Sympathieerklärungen der SPD für das GRIPS Theater lassen den Trugschluß zu, hier trennten sich Feinde und Freunde. Für die CDU ist das Theater ein willkommener Anlaß, sich volkstümlich zu gebärden: Sie wirft der SPD vor, mit Steuergeldern, »mit den Groschen des kleinen Mannes« ein »kommunistisches« Theater zu fördern. Gewiß gibt es viele Sozialdemokraten, die das Theater aus inhaltlichen Gründen unterstützen, von den Berliner Freien Demokraten ganz zu schweigen. Für die SPD als Regierungspartei entscheidet jedoch letztendlich ein politisches Kalkül: Das Theater ist populär. Über diese Popularität möchte sich die Partei im kulturellen Bereich profilieren.* Tatsächlich sichert nicht die SPD die Existenz des Theaters, sondern das Publikum. Außerdem haben die Angriffe der CDU die SPD unter Zugzwang gesetzt. Es blieb ihr gar nichts anderes übrig, als für das Theater Partei zu nehmen. Schon die leiseste Distanzierung hätte der CDU nachträglich Recht gegeben.
Neben dem Widerspruch zwischen der Gesellschaftskritik des GRIPS Theaters und seiner staatlichen Förderung bestehen andere, interne Widersprüche, die die Arbeit charakterisieren. Ein Problem hat das Theater mit anderen linken Einrichtungen gemein: Politische und ökonomische Interessen fallen nicht nur auseinander, sie können zum

*) Im Wahlkampf zum Berliner Abgeordnetenhaus (Frühjahr '79) haben sich gleich drei Parteien für GRIPS stark gemacht: SPD, FDP und SEW. Wahlbroschüren und Kulturprogramme erweckten den Eindruck, als läge diesen Parteien kulturpolitisch nichts mehr am Herzen als die rückhaltlose Unterstützung des GRIPS Theaters.

Gegensatz werden. Der Arbeiter hat ein natürliches Interesse an der Verbesserung der Bedingungen, unter denen er seine Arbeitskraft verkaufen muß. Daß seine Forderung nach Arbeitszeitverkürzung das Kapital möglicherweise in Bedrängnis bringt, rührt ihn nicht. Es existiert kein Gesamtinteresse des Betriebs, die »Tarifpartner« sitzen eben nicht im selben Boot. Für die politisch engagierten Theaterleute ist das komplizierter, denn hier gibt es ein politisches Gesamtinteresse. Theatermachen ist daher nicht nur Verausgabung von Arbeitskraft, sondern zugleich politische Arbeit. Und so können die ökonomischen Interessen der Theaterleute sehr schnell mit ihren politischen kollidieren. Weniger Vorstellungen pro Monat können die Arbeitsbedingungen des einzelnen verbessern, verschlechtern aber die politischen des Theaters.

Ein anderes Problem besteht in dem Widerspruch zwischen den Erwartungen, die an das Theater geknüpft werden, und seiner realen Situation. Der kollektive Charakter der Arbeit, den Formulierungen wie »eine Produktion des GRIPS Theaters« implizieren, ist mehr Aufgabe als Wirklichkeit. Nach wie vor herrscht Arbeitsteilung. Hinter der solidarischen Einheit, die am Ende der Stücke steht, fallen die eigenen Verhältnisse zurück. Nach wie vor herrscht Konkurrenz, wenn auch – vergleicht man das GRIPS Theater mit anderen Bühnen – in gemilderten Formen. Und jenes politische Gesamtinteresse ist keineswegs eindeutig definiert, sondern offen für höchst unterschiedliche Interpretationen. Es gibt kein politisches Programm, auf das sich das GRIPS Theater verpflichtet hätte. Nach wie vor sind die politischen Auffassungen kontrovers.

Das GRIPS Theater ist von Subjektivismus und Opportunismus bedroht, vom schönen Schein des Freiraums, in dem das Kollektiv »zu sich selber kommt«, und von der bestechenden Wirkung, die von Subventionen, Preisen und einer überschwenglichen Theaterkritik ausgeht. Die Widersprüche, die diese Gefahren heraufbeschwören, lassen sich nicht lösen. Daß es kein eindeutig definiertes Gesamtinteresse gibt, daß die politischen und ästhetischen Auffassungen kontrovers sind, kann die Arbeit vorantreiben, wenn die Kontroversen nicht stillgelegt, sondern im Interesse einer fortschrittlichen Theaterarbeit entfaltet werden. Gerade die Widersprüche, denen das GRIPS Theater ausgesetzt ist, sind seine Chance.

Das GRIPS Theater ist wie jedes andere Theater dem Zwang der Ökonomie unterworfen, mit allen Konsequenzen. Es produziert für einen Markt. Das Publikum betritt nicht bloß als Adressat politischer Arbeit den Zuschauerraum, sondern ist vorher als Käufer an der Kasse gewesen. Nimmt man das nicht zur Kenntnis, dann läuft man Gefahr, uneinlösbare Ansprüche an das Theater zu stellen, es für einen Freiraum zu halten, in dem qualitativ andere Verhältnisse herrschen als draußen, in dem es als erstes um die eigenen Bedürfnisse geht. Das Theater kann aber nicht als Instrument für die Selbstverwirklichung der Theaterleute existieren, sondern nur als politisches Instrument seines Publikums.

Bibliografie

I	**Texte des Theaters für Kinder im Reichskabarett und des GRIPS Theaters in Buchform**
II	**Vom GRIPS Theater herausgegebene Texte und Materialien**
III	**Artikel, Aufsätze, Reden, Interviews von und mit Mitarbeitern des GRIPS Theaters**
IV	**Sekundärliteratur zu GRIPS in Büchern**
V	**Ausgewählte Aufsätze, Rezensionen**

(Im übrigen sei verwiesen auf die beiden folgenden Bibliografien: Interaktions- und Theaterpädagogik I (1970) und II (1973) Herausgegeben von der Studiogruppe der Pädagogischen Hochschule Berlin, und Bibliografie »Kreatives Spielen und Theater« Herausgegeben von der Beratungsstelle für Jugendtheater und Schulspiel der Landeshauptstadt Stuttgart, Postfach 161, 7000 Stuttgart 1.)

I

3mal Kindertheater Band 1
darin:
Carsten Krüger und Volker Ludwig: *Maximilian Pfeiferling,*
Rainer Hachfeld: *Mugnog-Kinder,*
Dagmar Dorsten, Uli Gressieker, Volker Ludwig, Stefan Ostertag, Carsten Krüger und Uraufführungs-Ensemble: *Balle, Malle, Hupe und Artur*
mit einem Vorwort von Volker Ludwig
Verlag Heinrich Ellermann/Verlag der Autoren, München/Frankfurt/M. 1971

3mal Kindertheater Band 2
darin:
Volker Ludwig, Reiner Lücker und GRIPS-Ensemble: *Mannomann!,*
Volker Ludwig: *Trummi kaputt*
(der Band enthält außerdem: Rainer Hachfeld und Uwe Jens Jensen: *Hans und Grete ziehen um)*
Verlag Heinrich Ellermann/Verlag der Autoren, München/Frankfurt/M. 1973
(Seit der 3. Auflage 1977 enthält der Band die neue Textfassung von *Trummi kaputt,* wie sie in der Neuinszenierung 1975 gespielt wurde. Außerdem sind Auszüge aus den Nachbereitungsmaterialien zu diesem Stück mit aufgenommen.)

Volker Ludwig/Uwe Friesel:
Die Geschichte von Trummi kaputt
Lesefassung von Uwe Friesel des Theaterstücks von Volker Ludwig
Reinbek bei Hamburg 1973

rororo rotfuchs 35
(dänische Übersetzung von Claus Deleuran: Knas i legetøjs-fabrikken, København 1977)

Ulrich Gressieker, Volker Ludwig, Reiner Lücker: »Doof bleibt doof«: und Volker Ludwig, Christian Sorge: Ein Fest bei Papadakis
Texte, Noten, Nachbereitungsmaterialien
Weismann Verlag, Starnberg 1974

3mal Kindertheater Band 3
darin:
Rainer Hachfeld, Volker Ludwig: *Stokkerlok und Millipilli,*
Stefan Reisner und GRIPS-Ensemble: *Ruhe im Karton!,*
Stefan Reisner: *Mensch Mädchen!*
mit einer Vorbemerkung von Volker Ludwig und Nachbereitungsmaterialien zu den beiden letzten Stücken
Verlag Heinrich Ellermann/Verlag der Autoren, München/Frankfurt/M. 1975

3mal Kindertheater Band 5
darin:
Stefan Reisner, Rainer Hachfeld: *Kannst du zaubern, Opa?*
mit einer Vorbemerkung von Stefan Reisner und Nachbereitungsmaterialien (der Band enthält außerdem: Hansjörg Schneider: *Robinson lernt tanzen* und Birne Theater: *Langfinger)*
Verlag Heinrich Ellermann/Verlag der Autoren, München/Frankfurt/M. 1976

Political Plays for Children. The GRIPS Theater of Berlin
darin
Jack Zipes: GRIPS – Towards an Emancipatory Theater for Children und die amerikanischen Übersetzungen von Jack Zipes der Stücke:
Mugnog-Kinder! (Mugnog)
Balle, Malle, Hupe und Artur (Bizzy, Dizzy, Daffy and Arthur)
Mannomann! (Man oh Man)
Telos Press, Saint Louis 1976

3mal Kindertheater Band 6
darin:
Volker Ludwig, Reiner Lücker: *Vatermutterkind,*
Reiner Lücker, Stefan Reisner: *Die Ruckzuckmaschine,*
Volker Ludwig, Jörg Friedrich: *Nashörner schießen nicht*
mit Nachbereitungsmaterialien zu allen drei Stücken
Verlag Heinrich Ellermann/Verlag der Autoren, München/Frankfurt/M. 1977

Volker Ludwig, Detlef Michel: Das hältste ja im Kopf nicht aus
Text, Noten, Fotos, Nachbereitungsmaterialien
Weismann Verlag, München 1977 (2. verbesserte Auflage 1978)
(Rezension in betrifft: erziehung 8/1978, S. 68-71 von Arno Paul)

Rainer Hachfeld, Reiner Lücker: Banana
Text, Noten, Fotos, Nachbereitungsmaterialien
Weismann Verlag, München 1977

Das GRIPS-Liederbuch
50 Lieder von Volker Ludwig und Birger Heymann mit Zeichnungen von Rainer Hachfeld
Verlag Heinrich Ellermann, München 1978

Reiner Lücker und Stefan Reisner: Wasser im Eimer
Text, Noten, Fotos, Nachbereitungsmaterial
Weismann Verlag, München 1978

II

Von 1969 an hat das Theater die Stück-Texte gedruckt und zu jedem Stück Programmposter herausgegeben. Seit 1973 *(»Doof bleibt doof«)* sind zu jedem Stück Nachbereitungshefte erschienen. Diese sind (mit Ausnahme der Jugendstücke) durchlaufend numeriert (in Klammern ist angegeben, ob in dem Nachbereitungsheft auch der Stücktext abgedruckt ist):

I *»Doof bleibt doof«*
II *Ruhe im Karton!* (mit Textbuch)
III *Ein Fest bei Papadakis*
IV *Die Ruckzuckmaschine* (mit Textbuch)
V *Nashörner schießen nicht*
VI *Mensch Mädchen!* (mit Textbuch)
VII *Trummi kaputt* (mit Textbuch, Neufassung 1975)
o. N. *Das hältste ja im Kopf nicht aus*
VIII *Kannst du zaubern, Opa?* (mit Textbuch)
IX *Banana*
X *Vatermutterkind* (mit Textbuch)
XI *. . . und raus bist du!* (mit Textbuch)
XII *Wasser im Eimer* (mit Textbuch)
XIII *Mannomann!* (anläßlich der Neuinszenierung 1978)
o. N. *Die schönste Zeit im Leben*
XIV *Max und Milli*

Für die Stücke *Das hältste ja im Kopf nicht aus* und *Banana* wurden statt der Programmposter Programmhefte erstellt.

Seit 1977 *(Wasser im Eimer)* wurden die Programmposter zugunsten von Programmheften in Form einer GRIPS-Zeitung aufgegeben:

No. 1: zu *Wasser im Eimer*
No. 2: zu *Mannomann!*
No. 3: zu *Die schönste Zeit im Leben*
No. 4: zu *Max und Milli*
No. 5: zu *Ein Fest bei Papadakis*

1976 gab das Theater ein Heft mit Liedern aus den Stücken zur Verwendung in Schulen, Heimen, Kindertagesstätten usw. heraus. Dieses Heft ist seit dem Erscheinen des GRIPS-Liederbuches im Ellermann-Verlag vergriffen.

Alle diese Materialien werden während der Laufzeit der entsprechenden Stücke (bis zu 2 Jahren) im Theater verkauft und können dort zu nichtkommerziellen Zwecken bestellt werden.

Nach Absetzung des jeweiligen Stückes vom Spielplan des Theaters sind sie vergriffen. Sie können zu Studienzwecken im Theater eingesehen werden. Auf besonderen Wunsch werden Fotokopien angefertigt, wofür der Besteller die Kosten übernimmt.

III

Hachfeld, Rainer: Über das Schreiben von Szenen für Kinder
(darin: Brief an die Klasse 3/3 der Walter-Gropius-Schule über *Mugnog-Kinder!)*
in: Marion Klewitz und Hans-Wolfgang Nickel (Hg.):
Kindertheater und Interaktionspädagogik, S. 117-123
Ernst Klett Verlag, Stuttgart 1972, 1976[2]

Kolneder, Wolfgang: Erfahrungsbericht über die Inszenierung des Theaterstückes für Kinder *Stokkerlok und Millipilli* in Curitiba/Paraná
in: Zeitschrift für Kulturaustausch, 4/1978 S. 91-93

Kolneder, Wolfgang: Wir stellen Gebrauchsartikel her – Vom didaktischen Lesedrama zum Theater für Kinder
in: Materialien zur Situation der Kinder in der Bundesrepublik und West-Berlin. Pahl-Rugenstein Verlag, Köln, 1979

Ludwig, Volker: Über die Anmaßung, Theater für Kinder zu machen
in: Theater heute, 11. Jg., 4/1970, S. 27 ff.

Ludwig, Volker: Kindertheater im Osten, Westen, auf dem Mond und anderswo. In: Theater heute, 11/1972, S. 1 ff.

Ludwig, Volker: GRIPS – Weiterentwicklung eines emanzipatorischen Kindertheaters und: Zur wirtschaftlichen Situation des GRIPS Theaters. In: bühnengenossenschaft, 11/1974, S. 428 ff.

Interview mit Volker Ludwig, Wolfgang Kolneder, Karin Seifert und Jörg Richard über die pädagogischen Absichten des GRIPS Theaters: »Die verfolgen uns wie ihre Sporthelden«. In: betrifft: erziehung, Mai 1976, S. 27 ff.

Interview mit Volker Ludwig und Dietrich Lehmann über die Verleihung des DGB-Kulturpreises an das GRIPS Theater
in: bühnengenossenschaft, 2/1977, S. 7 ff.

Ludwig, Volker: Rede, gehalten anläßlich der Verleihung des DGB-Kulturpreises in Recklinghausen am 24. Mai 1977
in: Ludwig/Michel: Das hältste ja im Kopf nicht aus, S. 85-87
Weismann Verlag, München 1978[2]

Ludwig, Volker: Über die Schwierigkeiten, emanzipatorisches Kindertheater in Brasilien bekanntzumachen
in: Zeitschrift für Kulturaustausch, 4/1978, S. 89-91

Michel, Detlef: Tendenzwende im Jugendtheater?
Zu den GRIPS-Stücken *Das hältste ja im Kopf nicht aus* und *Die schönste Zeit im Leben.* In: Berliner Hefte 9 (November 1978), S. 21 ff.

Reisner, Stefan: Kindertheater – Ein Gebrauchsartikel
in: Ästhetik & Kommunikation, Heft 27, April 1977, S. 63 ff.

Protokoll der Diskussion über 10 Jahre Kindertheater anläßlich der Kindertheaterwoche in Braunschweig vom 14. bis 18. Mai 1977.
Teilnehmer: E. Elschner, H. Kage, V. Ludwig, P. Möbius, V. Paris, I. Tiedemann. In: Dokumentation Projekt '77 Assitej. Hg.: Assitej und Kulturpolitische Gesellschaft. Sondernummer der Zeitschrift »Grimm und GRIPS«, März 1978
(zu beziehen: Assitej, Hiltropwall 15, 4600 Dortmund)

Hébert, Marie Francine und Lücker, Reiner: Théâtre pour enfant (Ein Streitgespräch), in: Jeu – cahier de théâtre, No. 1, 1976
Les Editions Quinze, 3465 Côte des Neiges. Montréal, Canada.

IV
Protokolle der Kindertheatertagung in Marl vom 16. bis 18. Oktober 1970
Hg. von der Stadt Marl 1971
Beiträge zu einer Interaktions- und Theaterpädagogik. (Aus Referaten und Diskussionen anläßlich der Musischen Wochen 1970) Hg.: Eva Brandes und Hans-Wolfgang Nickel, Berlin (Pädagogisches Zentrum) 1971

Ausbildungsakademie Kindertheater. Kinderforum 1973 – Spiel und Theater. Protokolle und Berichte. Hg. und Verlag: Akademie der Künste, Berlin (West) o. J. (1977)

Berliner Theatergespräche '78
Kinder- und Jugendtheater zwischen Tradition und Emanzipation
Studienseminar Berlin 25. bis 28. Mai 1978. Heft 11 der Schriftenreihe des Bundes der Theatergemeinden e. V., Bonn 1978

Kinder- und Jugendtheater der Welt
Hg.: Christel Hoffmann. Publikation der Internationalen Vereinigung der Kinder- und Jugendtheater (Assitej) Henschelverlag Berlin (DDR), 1978

Lehrtheater – Lerntheater. Analysen, Kriterien, Beispiele
Hg.: Peter A. Harms. Verlag Hansen & Hansen, Münsterdorf 1978 (darin:
Paul, Arno: Kindertheater als kritisches Volkstheater für den Schulgebrauch, S. 19–40,
Jahnke, Manfred: Dramaturgie und Jugendarbeit, S. 41-48,
Zipes, Jack: Engagiertes gegen manipuliertes Kindertheater, S. 49-60)

Binger, Lothar:
Fall aus der Rolle
Nachbearbeitung von Rote Grütze und GRIPS (Beispiel: *Das hältste ja im Kopf nicht aus)* Basis Verlag, Berlin (West) 1977. Reihe: Basis Unterricht 10

Hermand, Jost: Petras Mondfahrt
(über *Mensch Mädchen!)* in: Fuegi/Grimm/Hermand (Hg.): Brecht – Jahrbuch 1976, Frankfurt/M. (edition suhrkamp 853) 1976, S. 177 ff.

Hoffmann, Christel: Theater für junge Zuschauer. Akademie-Verlag, Berlin (DDR) 1976

Hunscha, Christa: Struwwelpeter und Krümelmonster
Die Darstellung der Wirklichkeit in Kinderbüchern und Kinderfernsehen. Frankfurt/M. 1974 (Fischer Taschenbuch Nr. 1518)
darin das Kapitel: Zwei sind mehr als einer, S. 156 ff.

Karge, Robert: Theater mit Kindern und Jugendlichen
2 Bde. Hg. von: »Sektion BRD der Assitej e. V.« o. Ortsangabe 1976
darin die Kapitel: »Aktzentverschiebungen im professionellen Kinder- und Jugendtheater unter dem Einfluß ›kompensatorischer‹ Erziehungsbemühungen«, S. 7 ff, und »Zu den Anfängen eines politisch-emanzipatorischen Kindertheaters in der BRD«, S. 66 ff.

Kröll, Katrin: Om emancipatorisk teater. GRIPS Theater i Vest-Berlin
in: Olav Harsløf (Hg.): Kunst er väten, S. 314-338. København, 1976

Lampe, Monika: Kindliche Nachahmung und Identifikation bei humorvollen Verhaltensweisen. Hg. von: »Sektion BRD der Assitej e. V.« München 1973

Müller-Michaels, Harro: Dramatische Werke im Deutschunterricht
Klettverlag, Stuttgart 1975^2, darin Kapitel: Kindertheater, S. 75-82

Nickel, Hans-Wolfgang: Kindertheater
in: Lexikon der Kinder- und Jugendliteratur Band 2, S. 206 ff.
Beltz Verlag, Weinheim und Basel 1977

Richter, Dieter und Merkel, Johannes: Märchen, Phantasie und soziales Lernen
Basis Verlag, Berlin 1974, darin: »Realistische Darstellung der gesellschaftlichen Wirklichkeit«, S. 119 ff.

Schedler, Melchior: Kindertheater – Geschichte, Modelle, Projekte
Frankfurt/M. 1972. edition suhrkamp 520

Schedler, Melchior: Schlachtet die blauen Elefanten
Bemerkungen über das Kinderstück. Beltz Verlag, Weinheim u. Basel 1973

Schedler, Melchior: Mannomann! – 6mal exemplarisches Kindertheater
(Das 6. Kapitel behandelt *Mannomann!* mit Aufsätzen von V. Ludwig, R. Lücker, Fotos, Textauszügen, Probenprotokollen, Rezensionen und Materialien) Verlag DuMont Schauberg, Köln 1973

Schriegel, Susanne und Tamoschus, Angelika
Jugendtheater als Medium politisch-pädagogischer Praxis

Zur Geschichte und aktuellen Situation bürgerlichen und proletarischen Jugendtheaters. (darin das Kapitel über *Das hältste ja im Kopf nicht aus,* S. 156-160) päd. extra buchverlag, Frankfurt/M. 1978

Seberich, Elfriede: Eine Einstellungsstudie bei Kindern, Eltern und Lehrern zu verschiedenen Problemen des Kinder- und Jugendtheaters. Hg. von: »Sektion BRD der Assitej e. V.« o. Ortsangabe (München) 1973

V

Allemann, Urs: Windstille. Anmerkungen zum Theatertreffen
in: Theater 1976, Sonderheft der Zeitschrift »Theater heute«, S. 44 ff.
Arzeni, Flavia: Teatro per ragazzi nella Germania Federale: il GRIPS Theater. In: Scena, April 1978, 3. Jg. Nr. 2 S. 48-52

Binger, Lothar: Nach dem GRIPS-Stück spielen Kinder sich selbst
in: paed. extra, 20/1976, 30. Okt. 1976, S. 16 ff.

Hänsel, Johann Richard: Die Leute mit GRIPS. Fernsehsendung aus der Reihe »Anstöße« (I), WDR, 1. Programm, Sendetermin: 29. Okt. 1975 20.15 Uhr ARD

Henrichs, Benjamin: Die subalternen Despoten. *Mannomann!* von Volker Ludwig und Reiner Lücker. In: Süddeutsche Zeitung, 16. 11. 1972

Henrichs, Benjamin: Grütze rot, Märchen tot
Die Frankfurter experimenta 5 für Kinder. Die Zeit, Nr. 25, 13. Juni 1975

Hoffmann, Christel: Antiautoritär und gesellschaftskritisch
in: Theater der Zeit (DDR), 7/1974, S. 36 ff.

Jäger, Gerd: Kein Fortschritt im Kindertheater?
in: Theater heute, 1/1975, S. 33 ff.

Kujawa, Eleonore: »Maximilian Pfeiferling«, eine Möglichkeit, Eltern und Kinder miteinander ins Gespräch zu bringen. In: Berliner Lehrerzeitung, 1/1970

Marinier, Bernard: La situation du GRIPS théâtre. In: Travail théâtral, 20/1975, S. 58 ff.

Mayer, Norbert J.: Nicht mehr Appendix des Erwachsenen-Theaters.
Resümee von vier Krisenjahren am Münchner Theater der Jugend
in: Theater heute, 12/1973 S. 17 ff.

Möbius, Peter: Angebote an eine hemmungslose jugendliche Neugier
Die jüngste Geschichte des westdeutschen Kinder- und Jugendtheaters und seine Anfänge im Straßentheater. In: Frankfurter Rundschau, 13. 8. 1977

Nettelbeck, Joachim: Das GRIPS Theater und die politisierende Justiz
in: Berliner Hefte, Heft 5 (Oktober 1977) S. 78-86

Paul, Arno: Ein Theater mit GRIPS
in: Frankfurter Allgemeine Zeitung Nr. 56, 6. März 1976

Paul, Arno: Theaterpädagogik: Auf der Suche nach Konzepten (Sammelbesprechung) In: betrifft: erziehung, 3/1975, S. 72-78

Paul, Arno: Szene kritischen Vergnügens. In: Deutsche Volkszeitung, 18. Mai 1978

Pluta, Ekkehard: Hältste das im Kopf noch aus? In: Theater heute, 11/1975, S. 78

Rating, Arnulf und Rieche, Gerhard: Theater zum Gebrauch – Theater, die gebraucht werden.
Über neue Kinder- und Jugendstücke des GRIPS Theaters *(Banana* und *Vatermutterkind)* und der Roten Grütze in Berlin. In: Theater heute, 5/1977, S. 22 ff

Rühle, Günther: Von Drachen und vom Machen und Lachen
Rückblick auf die 5. Experimenta. FAZ, 12. 6. 1975
und: Die Schule der Heiterkeit. Acht Tage Kindertheater in Frankfurt. FAZ, 14. 6. 1975

Schedler, Melchior: Der Wind schlägt um.
Über *Maximilian Pfeiferling* und *Stokkerlok und Millipilli*
in: Theater heute, 4/1970, S. 34 ff

Schedler, Melchior: Oder etwas kommerzialisieren, bis es kaputt ist.
Über das 2. Kinder- und Jugendtheaterfestival München
in: Theater heute, 6/1971, S. 28 ff.

Schedler, Melchior: Reichskabarett – und wie weiter?
Die *Mugnog-Kinder* und die Kindertheater-Situation in der Bundesrepublik
in: Theater heute, 8/1971, S. 28 ff.

Schedler, Melchior: Experimenta 5. Kindertheater als Volkstheater
in: Theater heute, 8/1975, S. 37 ff.

Schedler, Melchior: Perspektiven eines neuen Kindertheaters
in: bühnengenossenschaft, 11/1974, S. 426 ff.

Schneider, Hansjörg: Theater, das mit dem Publikum Kontakt sucht.
Basler Zeitung, Basler Magazin No. 44, 3. Dezember 1977

Seidel, Hans-Dieter: Ergiebiges Neuland. Das Berliner Reichskabarett in Ulm. In: Stuttgarter Zeitung vom 19. 3. 1970

Zipes, Jack: Children's theater in the two Germanys
in: Performance: 5/1973, S. 12 ff.

Zu den Autoren:

Jörg Friedrich, geb. 1939, Abitur 1958 in Berlin, Reedereikaufmann in Hamburg, 62-65 Schauspielschule (Max Reinhardt), Schauspieler, 1970-75 beim GRIPS, seitdem freier Schauspieler und Regisseur.

Rainer Hachfeld, geb. 1939, studierter Bühnenbildner und Trickfilmzeichner. Karikaturist und Journalist. GRIPS-Autor seit 1968.

Birger Heymann, geb. 1943, Musikstudium. Komponist und Gittarist. Schrieb Musik für das »Bügelbrett«, das Reichskabarett (seit 1970), »Sesamstraße« u. a. Fernsehserien und Filmmusiken. Machte seit 1969 fast alle Musiken für GRIPS.

Wolfgang Kolneder, geb. 1943, Studium in Frankfurt und Tübingen, Regisseur in Tübingen, Stuttgart, Düsseldorf. Redakteur der »Sozialistischen Zeitschrift für Kunst und Gesellschaft«, Lehrbeauftragter für Theaterwissenschaft. Seit 1975 Regisseur und Dramaturg am GRIPS und freier Regisseur.

Dietrich Lehmann, geb. 1940, Studium der Theaterwissenschaft und Schauspielausbildung. Schauspieler und Bühnenlehrer. Seit 1969 als Schauspieler und Regisseur beim GRIPS Theater.

Volker Ludwig, geb. 1937, Studium der Germanistik und Kunstgeschichte bis 1961. Seit Gründung des Reichskabaretts (1965) dessen Leiter und Hauptautor. Seit 1969 Leiter des Kindertheaters daselbst, heute GRIPS genannt. Schreibt Lieder (250), Kabarettprogramme (15) und Stücke (14).

Reiner Lücker, geb. 1943, Studium der Germanistik und Geschichte. Schauspielstudium. Seit 1972 Regisseur und Autor beim GRIPS Theater. Hörspiele, Drehbücher, Features.

Norbert J. Mayer, Studium der Theaterwissenschaft in München, Wien, Paris; Promotion. Schauspieler, Regisseur, Theaterwissenschaftler und -pädagoge. Leiter des Theaters der Jugend, Münchner Kammerspiele. Seit '73 Durchführung theaterdidaktischer Programme in den meisten Ländern Asiens für das Goethe-Institut. Lehrbeauftragter.

Detlef Michel, geb. 1944, Studium der Germanistik, Soziologie und Psychologie in Tübingen, seit 1966 in Berlin. Medienwissenschaftler. Kabarett-Texter für »Floh de Cologne«, seit 1966 für das Reichskabarett. Promotion. Drehbücher. Seit 1975 GRIPS-Autor. Redakteur der Zeitschrift »Berliner Hefte«.

Arno Paul, geb. 1939, Studium in Hamburg, München und Berlin. Kulturreferent in Kiel, dort auch Theaterarbeit. Seit 1970 an der FU Berlin, zuerst Assistent, dann Hochschullehrer für Theaterwissenschaft. Schwerpunkte in Forschung und Lehre: kritisches Kindertheater, Volkstheater und Theatertheorie.

Stefan Reisner, geb. 1942, Studium der Romanistik, lebt als Torfhändler in West-Berlin, zahlreiche Bücher, Übersetzungen und ungeschriebene Werke. GRIPS-Autor seit 1973.

Jörg Richard, geb. 1942, Promotion in Sozialpädagogik 1974. Professor für pädagogische Medien. Redakteur der Zeitschrift »Ästhetik und Kommunikation«. Seit 1973 pädagogischer Mitarbeiter am GRIPS Theater.

Karin Seifert, geb. 1935, Grund- und Hauptschullehrerin. Studium der Germanistik und Theaterwissenschaft. Lehrbeauftragte für Theaterpädagogik. Pädagogische Mitarbeiterin am GRIPS, jetzt beim Modellversuch »Künstler und Schüler«.

Wagenbachs Quartplatten für Kinder

GRIPS: Stücke und Lieder für Kinder

Balle, Malle, Hupe und Artur
Von Kindern, die sich ein Spielhaus wünschen: Mit Wasserschlauch, Pilzen, roten Meerschweinchen.
Quartplatte 8.30 cm ∅. 33 UpM. DM 16,80

Mannomann!
Über „die blöde Männersache, Frauensache". Mannomann! Bis so ein Mann mal in die Küche geht!
Quartplatte 9.30 cm ∅. 33 UpM. DM 16,80

Die große GRIPS-Parade
Fünfzehn Lieder zum Mitsingen aus GRIPS-Stücken. Mit allen Texten als Plakat.
Quartplatte 10.30 cm ∅. 33 UpM. DM 16,80

Ein Fest bei Papadakis
Von den Vorurteilen: Über den Ärger zwischen den Familien Müller und Papadakis.
Quartplatte 13.30 cm ∅. 33 UpM. DM 16,80

Nashörner schießen nicht
Über Träume und wie sie verkauft werden.
Quartplatte 15.30 cm ∅. 33 UpM. DM 16,80

Mugnog-Kinder!
Warum ein Kind mehr dürfen darf.
Quartplatte 16.30 cm ∅. 33 UpM. DM 16,80

BANANA
Wo die Bananen herkommen und wie sie verkauft werden.
Quartplatte 17.30 cm ∅. 33 UpM. DM 16,80

Die große GRIPS-Parade
16 neue Lieder zum Mitsingen aus GRIPS-Stücken. Text: Volker Ludwig. Musik: Birger Heymann.
Mit einem illustrierten Textplakat.
Quartplatte 18.30 cm ∅. 33 UpM. DM 16,80

Bilder von Heidi Rempen. 80 S. zweifarbig, Pp. ab 8 (80205)

120 S. DM 10,– ab 8 (80523)

Roman. 176. S. Leinen, Geschenkbuch DM 16,80 ab 12 **4. Auflage** (80536)

Erzählung. Bilder von Edith Schindler. 104 S. Pp. ab 12 (80506)

BELTZ & Gelberg